길가메시

길가메시

오수연 글 | 조승연 그림

문학동네

차례

1 신들이 사랑한 인간, 길가메시 ••• 007
2 동물의 형제, 엔키두 ••• 012
3 맞수 ••• 023
4 삼나무 산 원정 ••• 035
5 나는 너를 돕고, 너는 나를 돕고 ••• 050
6 일곱 가지 신통력의 후와와 ••• 060
7 여신의 복수 ••• 071

8	죽음	••• 082
9	배를 채우고 즐기라	••• 098
10	영원히 사는 자	••• 112
11	대홍수	••• 121
12	길가메시, 늙은이가 젊은이 되다	••• 129
13	끝나지 않는 도전	••• 140

『길가메시』에 대하여_ 오수연 ••• 147

주요 등장인물

길가메시   3분의 2는 신이며 3분의 1은 인간.
기원전 2700년대에 메소포타미아의 도시국가 우루크를 통치한 위대한 왕.

엔키두   신들이 길가메시를 견제하기 위해 창조한 맞수. 황무지에서 태어나 길가메시와 대적하러 우루크로 왔으나, 둘도 없는 친구가 된다.

샴하트   엔키두를 문명에 눈뜨게 해 준 우루크 신전의 여인.

후와와   엔릴이 임명한 삼나무 산의 산지기.

우트나피슈팀   신들이 일으킨 대홍수에서 살아남아 영생을 얻은 자.

우르샤나비   우트나피슈팀의 뱃사공.

안   천계의 최고신, 신들의 아버지.

엔릴   안의 적자, 바람의 신. 땅의 모든 일을 주관한다.

엔키   안의 아들, 물의 신이자 지혜의 신.

우투   태양의 신이자 길가메시의 수호신.

이난나   전쟁과 사랑의 여신.

닌순   들소의 여신, 길가메시의 어머니.

루갈반다   길가메시의 아버지, 우루크의 선왕.

1
신들이 사랑한 인간, 길가메시

완벽한 인간이 있었다.

메소포타미아의 도시국가 우루크의 왕, 길가메시!

그는 세계에서 가장 높은 우루크의 성벽을 세운 대범하고 유능한 건축가였다. 또한 싸우지 않고도 전쟁에서 이기는 지략가이며, 일단 싸움에 나가면 맨 앞에서 돌진하는 타고난 무사이기도 했다.

붉은 이마, 들소의 눈, 청금석빛 수염, 굵직한 손가락!

그를 보고 놀란 적들은 앉아 있다가도 일어나고, 서 있다가는 주저앉았다. 촌뜨기들은 벌어진 입을 다물지 못해 먼지를 가득 먹고, 약삭빠른 이들은 강에 매 두었던 거룻배로 돌아가 닻줄을 끊고 도망쳤다.

아버지는 인간이나 어머니가 여신이므로, 그는 3분의 1은 인간이고 3분의 2는 신이었다. 그 3분의 1 때문에 길가메시는 신들처럼 영원히 살지 못하고 언젠가 죽어야 하는 인간이었지만, 신에 가장 가까운 인간이었다.

신들은 그를 사랑했다. 위대한 탄생의 여신이 그에게 보통 사람보다 두 배나 큰 육체를 주었으며, 지혜의 신은 통찰력을 주었다. 거기에 태양의 신이 아름다움을, 천둥의 신은 용맹함을 보탰다.

오만한 길가메시!

늘 뻣뻣하게 목을 세우고 다니는 그에게 아무도 감히 맞서지 못했다. 병사들은 바짝 긴장하여 등을 곧추세우고, 시종들은 언제 그의 입에서 명령이 떨어질까 종종댔다.

밤낮으로 길가메시는 백성들을 공사장으로, 전쟁터로 내몰았다. 그 자신이 낮에 잠시도 쉬지 않고 밤도 꼬박 새우곤 했다. 어느 일꾼도 그가 원하는 만큼 일을 해낼 수 없었다. 어떤 젊은이도 그의 넘치는 혈기를 상대할 수 없었다. 그는 성난 황소처럼 들이받고, 홍수처럼 몰아쳤다.

길가메시는 포악한 왕이었다. 백성들의 원성이 까마득한 우루크의 성벽보다도 높았다.

강하고 출중하며 유식하고 명석한

아무렴, 그가 우리의 목자지!

그러나 그는 아들을 아버지 곁에 남겨 두지 않고,

딸이 어머니한테 돌아가도록 두지 않는다네.

역전의 용사조차 딸을 지키지 못하고,

아, 결혼을 앞둔 신랑도 신부를 보호할 수 없으니!

길가메시는 신들의 걸작이었다. 인간들에게는 자랑이자, 감당하기 힘든 짐이었다.

하늘에서 신들은 귀가 아팠다. 그들은 신들의 아버지 '안'에게 몰려갔다. 자기들도 길가메시를 편애해 놓고는, 아버지 탓을 했다.

"길가메시를 버릇없이 길러 낸 장본인이 당신 아니십니까?"

신들의 하소연을 들은 안은 위대한 탄생의 여신을 불러 분부했다.

"그대가 인간을 창조하여 길가메시도 태어나게 하지 않았나? 이제 길가메시에게 맞수를 만들어 주어라. 폭풍이 치는 가슴을 똑같이 폭풍이 치는 가슴으로 맞서게 하라. 둘이 대적하는 사이 우루크는 편히 쉴 수 있을지니."

탄생의 여신은 안의 얘기를 마음속에 담아 형상을 하나 떠올렸다.

그런 다음 손을 씻고 진흙 한 줌을 집어 들판에 던졌다. 내던져진 진흙덩이는 곧 인간 비슷한 생명체가 되었다. 인간이지만 전쟁의 신처럼 보통 사람보다 몸집이 두 배는 크고, 동물의 신처럼 온몸에 털이 북실북실했다. 그리고 곡식의 여신처럼 숱 많은 머리카락을 발꿈치까지 늘어뜨리고 들판에 홀로 서 있었다.

2
동물의 형제, 엔키두

'엔, 키, 두.'

진흙으로 만들어진 생명체가 처음으로 기억해 낸 것이 그 말이었다. 그리고 그 말이 다였다. 어머니도 아버지도 없이 갑자기 다 큰 채로 생겨난 그에게는 다른 기억이 일절 없었다. 생각나는 것은 단 하나였다. 엔키두.

생명체는 영양들과 풀을 뜯어 먹고 야생 나귀들의 젖을 빨았다. 풀은 먹을 수 있는 풀과 먹을 수 없는 풀로 나뉘었다. 배가 아프거나 코가 막힐 때 먹는 풀도 있었다. 영양들이 가르쳐 주었다. 그는 잘 기억해 두었다. 대장 나귀가 콧바람을 뿜으며 발굽을 구르면 늑대나 하이에나, 혹은 사자가 접근해 온다는 뜻이었다. 그는 바람결에 실려 오

는 육식동물의 냄새를 기억해 두었다. 그 냄새만 맡아도 다리가 저절로 달음박질을 하여 누구보다 먼저 도망치고 있었다. 이렇게 그는 두려움을 배웠다.

그런데 여느 날처럼 도망가다가 생명체는 자기에게 젖을 주는 어미 나귀의 처절한 울부짖음을 들었다. 매일 함께 젖을 빠는 새끼 나귀의 울음소리도 가녀리게 들렸다. 새끼가 뒤처져서 사자에게 잡힌 모양이었다. 다리는 계속 달리려는데 몸뚱이가, 그중에서도 특히 눈이 너무 무거웠다. 그는 멈춰 섰다. 묵직한 눈에서 미지근하고도 찝찌름한 물이 새 나왔다. 이렇게 그는 슬픔을 알게 되었다.

새끼를 맴돌며 사자에게 발길질해 대는 어미 나귀를, 생명체는 일렁이는 눈물을 통해 바라보았다. 사자는 어미 나귀의 발길질 따위는 가볍게 물리치고 새끼에게 달려들었다. 사자의 아래위 송곳니가 새끼 나귀의 목덜미에 박히려는 순간, 생명체는 사납게 짖으며 사자를 향해 내달았다.

"우아아아아."

온몸의 털이 제각기 곤두서서 몇 배로 부풀어 보였다. 사자가 당황하여 멈칫하는 사이에 어미 나귀는 새끼를 데리고 빠져나갔다. 생명체는 두 앞다리를 휘두르고 두 뒷다리로 펄쩍펄쩍 뛰어 나귀들이 무사히 달아날 시간을 벌었다.

때로 동물들은 까닭 없이 그저 달렸다. 발굽 소리가 울리면 생명체의 심장이 응답하듯 둥둥 요동쳤다. 그는 영양, 사슴, 나귀, 들소 들과 함께 달렸다. 땅의 진동이 커질수록 그의 몸속 핏줄도 바람에 우는 갈대처럼 빠르게 떨렸다. 그는 달리고 또 달렸다. 그리고 다 같이 물웅덩이로 몰려가 비좁게 둘러서서 물을 들이켤 때, 물과 함께 몸에 기쁨이 차올랐다. 그에게는 모자란 것도, 더 바라는 것도 없었다.

그즈음 동물들이 오가는 길목에 난데없이 구덩이가 생겨났다. 영양과 사슴들이 구덩이에 빠져 허우적거리다가 사라지는가 하면, 나귀와 들소들이 날카로운 쇳조각에 발목을 물려 몸부림치다가 또한 사라지곤 했다. 동물들이 사라진 자리에는 핏자국과 함께 예전에 맡아 본 적 없는 몹시 고약한 냄새가 감돌았다. 쇳조각에 물린 동물이 가까스로 벗어난다 해도 처참하기는 마찬가지였는데, 발목이 잘려 절룩거리다가 늑대들의 먹이가 되는 수밖에 없는 탓이었다.

유일하게 앞발을 자유로이 놀릴 수 있는 생명체가 찾아다니며 구덩이를 메우고 쇳조각을 비틀어 버렸다. 구역질이 났다. 그가 아는 어떤 동물도 싸우지도 않고 다른 동물을 해치거나, 제 목숨을 걸지 않고 다른 목숨을 빼앗는 이따위 비겁한 짓은 하지 않았다. 하지만 애를 쓰면 쓸수록 구덩이와 쇳조각은 점점 더 많은 곳에, 눈에 띄지 않도록 더욱 교묘하게 늘어만 갔다. 점점 더 퍼져 가는 역겨운 냄새!

하루는 물웅덩이에서 그 고약한 냄새가 진동했다. 어느 때보다도 강한 냄새에, 생명체의 가슴팍이 세게 부딪힌 듯 아프고 화끈거리기 시작했다. 분노!

냄새의 근원은 물웅덩이 건너편에 있었다. 생명체는 단번에 웅덩이를 건너뛰어 덮치려다가 멍해졌다. 올올이 곤두서려던 털들도 맥없이 가라앉아 버렸다. 놀랍게도, 고약한 냄새를 풍기는 그 동물의 생김새가 제 모습하고 비슷했다. 두 뒷다리로만 서 있는 동물을 보기는 물에 비친 제 모습 말고는 처음이었다. 곰도 성이 나면 두 앞다리를 들고 두 뒷다리로 서기도 하지만 뒷다리는 여전히 굽어 있는데, 물웅덩이 건너 동물의 뒷다리는 나무처럼 곧았다. 그러나 너무 가늘었다. 그렇게 볼품없는 동물을 보기도 역시 처음이었다. 그 냄새나는 동물은 모습은 그와 비슷하나 훨씬 작고 털도 들쭉날쭉했다. 덩치가 작으면 뿔이라도 달리든지, 근육이 빈약하면 발톱이라도 튼튼하든지, 이제껏 살아남았다는 게 믿기지 않을 지경이었다. 게다가 겁도 많아서 심장이 곤두박질치는 소리가 그에게까지 들리는 듯했다. 그것이 도망을 안 치는 이유는 완전히 얼어붙었기 때문이었다. 싸울 의욕마저 나지 않아서 생명체는 다시는 얼씬거리지 말라는 뜻으로 이빨을 드러내 보이고는 돌아섰다.

실은 그 볼품없는 것이 인간 마을에서는 유명한 사냥꾼이었다. 야

수 같은 사내와 대면했던 몇 분 동안에 사냥꾼은 몇 년이나 여행을 한 사람처럼 피로한 얼굴이 되었다. 비칠대면서 가까스로 집에 돌아가 나이 든 아버지 앞에 쓰러지고 말았다.

"아버지! 전 이제 사냥으로 먹고살기는 글렀어요! 야만인이 나타났다고요! 그는 짐승들과 같이 산에서 내려와서 짐승들과 같이 산으로 올라가요. 엄청 강해요! 세상에서 제일 셀 거예요! 제가 사냥감을 잡으려고 함정을 파 놓으면 그 사내가 메워 버리죠. 덫도 설치해 두는 족족 망가뜨려요. 장난감인 줄 아나 봐요! 오늘은 제가 위엄 있게 호통을 치니까 죄송합니다, 하고 물러갔지만 다음에는 난동을 부릴 거예요. 야만인이라니까요! 세상에서 제일 세다니까요!"

늙어도 눈만은 여전히 쥐처럼 반짝이는 아버지가 침착하게 답했다.

"애야, 우루크로 가서 신전의 여인 샴하트를 불러와라. 남자를 굴복시킬 수 있는 건 여자란다. 샴하트가 여자만의 힘으로 그 야만인을 길들일 게다."

물웅덩이에서 더욱 고약한 냄새가 풍겼다. 어찌나 고약한지 속이 울렁거리는데, 콧구멍은 도리어 그 냄새를 더 맡으려고 열심히 벌름거렸다. 이번에도 물웅덩이 건너편에 전과 비슷한 볼품없는 동물이 서 있었다. 아니, 이번 동물은 전과 비슷하면서도 정반대인 것 같고,

여러모로 괴상하나 도무지 눈을 뗄 수가 없었다. 생명체는 공격할 생각도 없었건만 어느새 웅덩이 건너 그 야릇한 동물 바로 앞에 가 있었다. 그리고 끔찍한 일이 일어났다! 그 동물의 얇고 알록달록한 거죽이 벌어져 아래로 주르르 흘러내렸다. 거죽이 벗겨진 동물은 희고 매끄러웠다. 생명체는 어느새 그 매끄러운 동물을 끌어안고 있었다.

"샴하트."

그 동물은 앞 발가락 하나로 제 가슴을 콕 찌르며 지저귀더니, 생명체의 가슴을 콕콕 찔렀다. 생명체는 낮게 으르렁댔다. 그러나 동물은 겁내기는커녕 기분 나쁜 까르륵 소리를 냈다.

"나는 샴하트, 당신은 누구? 난 샴하트, 당신 누구? 샴하트, 누구?"

동물은 지저귀면서 제 가슴을 콕, 생명체의 가슴을 콕콕 찌르기를 반복했다. 생명체는 가슴이 아니라 머리통을 된통 맞은 듯한 충격을 느꼈다. 어쩌면 머릿속이 참을 수 없이 가려운 것도 같았다.

"에엔……키이……두."

기억나는 단 하나의 말을 처음으로 입으로 소리 내어 보았다. 그리고 그 말이 자신을 뜻함을 깨우쳤다. 나귀나 곰과 달리 늘 두 뒷다리로만 걸어 다니는 자기 자신이 엔키두였다!

"엔키두와 샴하트!"

샴하트는 엔키두의 입에 제 입을 맞추고는 더욱 기분 나쁘게 깔깔댔다. 그리고 바닥에 뭉쳐진 거죽을 넓게 펴고 그의 손목을 잡아끌며 그 위에 누웠다.

낯선 감정으로 엔키두는 터질 것 같았다. 이레 밤과 엿새 낮 동안을 그는 으르렁대고, 덤비고, 싸웠다. 상대는 전혀 싸우려 들지 않았다. 그런데도 그가 졌다. 그의 힘이 모두 상대에게로 옮겨 가 버렸다. 그는 뻗었다.

비로소 허기를 느끼고 엔키두는 눈을 들어 젖을 줄 나귀를 찾았다. 그런데 그의 눈길을 느끼자마자 나귀들이 콧바람 소리를 내고 발굽을 구르더니 일제히 뛰기 시작했다. 그가 일어나서 쫓아갔으나 다리에 힘이 없어서 놓치고 말았다. 엔키두는 돌아서서 영양들에게 다가갔다. 하지만 영양들도 쏜살같이 달아났다. 엔키두는 우두커니 서서 자욱한 먼지와 함께 멀어져 가는 동물들을 바라보았다. 그의 심장마저도 예전처럼 동물들의 발굽 소리에 응답하지 않고, 땅의 진동에도 핏줄이 요동치지 않았다. 허전하고 지루하기만 했다.

엔키두라는 말이 제 이름임을 깨우침과 동시에 그는 다른 것도 알아 버렸으니, 바로 머릿속의 공백이었다. 때로는 즐겁고 때로는 절박한 동물들의 울음소리, 초원에 불어오는 바람 소리, 귀를 간질이는 시냇물 소리, 땅을 박살 낼 듯한 천둥소리조차 그의 머릿속 공백을 채우지는 못했던 것이다.

　엔키두는 뭘 해야 좋을지 알 수가 없었다.

　팔짱을 끼고 바위에 걸터앉아 아까부터 자신을 쳐다보고 있는 샴하트에게로 엔키두는 터덜터덜 걸어갔다. 그리고 그녀의 발치에 쭈그려 앉았다. 샴하트가 지저귀었다.

　"당신은 아름다워요! 마치 신 같아요! 왜 황무지에서 짐승 따위와 뛰어다니는 거예요?"

　샴하트의 말 한마디마다 엔키두를 파고들었다. 머릿속이 폭풍 직전의 숲처럼 수선거리기 시작했다.

"가요, 나랑 같이 우루크로 가요! 신들의 아버지이신 거룩한 안과 사랑의 여신 이난나의 신전이 있는 곳으로! 우루크는 어떤 적도 넘보지 못하는 세상에서 가장 든든한 요새, 성안에 들어온 사람은 누구나 품어 주는 가장 큰 우리, 새롭고 진귀한 물건은 다 모이는 가장 번화한 시장이랍니다. 매일 축제가 벌어져요! 남자건 여자건 한껏 멋을 부리고, 하프 가락과 북소리가 끊이지 않지요. 오, 당신은 사람이 사는 법을 알아야 해요!"

신, 짐승, 인간, 사랑, 행복……. 입을 벌리고 올려다보는 엔키두의 어깨에 한 손을 얹은 채, 샴하트는 뺨을 붉히며 미소 지었다.

"그래요, 당신은 우루크의 왕 길가메시를 봐야만 한다고요! 그는 인간의 즐거움이란 즐거움은 다 누리고 있죠. 이 세상에서 제일 잘난 남자는 길가메시, 가장 강한 남자도 길가메시예요!"

"길, 가, 메, 시?"

머리끝부터 발끝까지 찌릿해서, 엔키두는 자기도 모르게 주먹으로 바위를 쳤다. 분노인지, 불만인지, 또 다른 새로운 감정인지 알 수는 없지만 몹시 강력했다. 샴하트는 바닥에서 제 옷을 집어 들며 말했다.

"당신은 절대로 길가메시를 이길 수 없어요. 왜냐하면……."

샴하트는 옷을 반으로 찢어 한쪽을 엔키두에게 둘러 주고, 남은 쪽은 제 몸에 둘렀다. 그리고 그의 손을 잡고 걸음을 떼면서 하늘에서 보이지 않도록 입을 가리고 소곤댔다.

"신들이 그의 편이거든요."

3
맞수

 해 질 녘에 샴하트와 엔키두는 양치기들의 오두막에 다다랐다. 안에서는 인기척이 없었다. 뒤따르던 엔키두가 길섶으로 사라지더니 품에 새끼 양을 안고 나타났다. 그러자 갑자기 오두막 안에서 거친 고함이 터져 나왔다.
 "강도야! 도둑이야! 이 근방의 양치기들이 모조리 몰려오고 있으니 너흰 끝장이다!"
 엔키두는 이빨을 드러낼 뻔했으나 새끼 양이 울자 얼른 우리로 가서 내려놓았다. 새끼를 잃고 울던 어미 양이 뛰어와서 맞았다.
 "길 잃은 새끼 양을 찾아 주는 강도도 있나요?"
 삼하드기 오두막을 향해 말했다. 잠시 후에 나무 문이 열리고 양치기들이 쏟아져 나와 둘을 에워쌌다.

"멀리서 보기에도 당신과 함께 오는 이 남자가 어찌나 큰지, 우린 강도가 쳐들어오는 줄 알고 숨었지 뭡니까!"

나이 지긋한 늙은이가 껄껄 웃으며 오두막집 안으로 안내했다. 젊은 양치기들은 번갈아 엔키두 옆에 서서 덩치를 비교해 보며 탄성을 질렀다.

"이 남자는 길가메시 왕만 하겠는걸!"

"키는 요만큼 작은가?"

"다부지기는 이쪽이 더 다부지다고!"

그들은 빵과 맥주를 대접했다. 그러나 엔키두는 빵을 들어 앞뒤로 의심쩍게 살펴보더니 도로 내려놓았으며, 시큼한 냄새가 나는 맥주잔은 코를 싸쥐고 밀어 버렸다.

"빵을 먹어요, 엔키두. 사람은 이런 걸 먹어야 하는 거예요. 맥주도 마셔요. 그래야 교양 있는 사람이 된답니다."

샴하트가 먼저 빵을 뜯어 입에 넣고 맥주를 한 모금 마셔 시범을 보였다. 그제야 엔키두는 빵을 씹어 보더니 흐뭇한 신음 소리를 냈다. 하지만 맥주를 마시고는 얼굴을 왕창 찌푸렸다.

"사나이라면 이렇게 마셔야지!"

한 양치기가 맥주잔을 들고 단숨에 비웠다.

"그렇지, 이렇게!"

다른 양치기들도 앞다투어 맥주잔을 비웠다. 엔키두는 텅 빈 잔들을 둘러보고는 숨을 참고 맥주를 쭉 들이켰다. 모두 탁자를 두드리며 즐거워했다.

"엔키두! 우리는 자네가 마음에 든다네!"

엔키두는 빵 광주리를 싹 비워 버리고 맥주는 일곱 단지나 마셨다. 그러고는 불콰해져서 커다랗게 웃더니 더듬더듬 말했다.

"나, 엔키두는, 자네가, 마음에 들어!"

"말도 금방 배우는군! 어머니도 아버지도 없이 황무지에서 살아온 사나이여, 이제 우리가 자네의 친구라네."

양치기들은 다정히 웃음 지으며 엔키두를 향해 맥주잔을 들어 올렸다.

"엔키두를 위해 제가 노래할게요."

샴하트가 일어나 한 손을 가슴에 얹고 구성지게 노래를 불렀다.

당신이 내 마음 사로잡았으니
나는 당신 앞에 떨며 서 있네.
나의 신랑, 당신을 따라가리.
나의 사자, 당신을 어루만지리.

내 손길은 꿀보다 달다오.
내 품에서 새벽까지 잠드오.

슬프지도 않은데 엔키두의 눈에서 눈물이 흘러내렸다. 부드럽게 오르내리는 선율과 아름다운 가사가 그를 울렸다.
양치기들이 양쪽에서 그의 어깨를 부둥켜안고 후렴구를 합창했다.

내 어머니께 말하오. 진미를 대접하실 거요.
내 아버지께 말하오. 선물을 안겨 주실 거요.
당신이 내 마음을 사로잡았으니
나 당신을 따라가리.

양치기들은 엔키두의 온몸에 난 털을 칼로 다듬고 몸에 기름을 칠해 주었으며, 옷도 입히고 몽둥이까지 손에 들려 주었다. 샘물에 비친 자신의 모습이 너무 어색해서 엔키두는 인상을 쓰며 몽둥이를 치켜들었다. 그랬더니 조금 나아 보였다.
처음 오두막에 들어설 때 맡았던 고약한 냄새에도 곧 익숙해졌다. 모닥불을 피우고 별자리 살피는 법을 배우자마자 통달하여, 엔키두는 양치기들에게 없어서는 안 될 믿음직한 동료가 되었다. 그러고도 별과 나무와 바위에 얽힌 전설, 사랑과 이별의 노래들을 배우는 재미에 시간 가는 줄 몰랐다.

양들을 노리고 늑대 떼가 몰려온 밤, 다른 양치기들은 엔키두만 믿고 코를 골며 자고 있었다. 혼자서 몽둥이를 휘둘러 늑대 떼를 쫓아내고도, 엔키두는 악착같이 추격하여 뒤로 처진 늑대들을 여러 마리나 때려죽였다.

"용사 엔키두!"

양치기들은 모닥불가에 죽은 늑대들을 끌어다 놓고 춤을 추면서 엔키두를 칭송했다. 그는 불빛에 드러난 자신의 두 손을 보고는 진저리를 쳤다. 손이 늑대의 피로 물들어 있었다. 그런데 인간들은 모두 기뻐하지 않나! 엔키두는 피로 칠갑된 두 손을 높이 올리고 외쳤다.

"세상에서 제일 강한 인간은 나다! 황무지에서 홀로 태어나고 살아온 나보다 강한 자가 누구란 말인가? 일등이 나고, 그 길가메시라는 자는 기껏해야 이등이다. 내가 그자와 맞붙어 순서를 제대로 고쳐 놓고야 말겠다!"

양치기들이 춤을 멈추었다. 순식간에 일그러진 얼굴들은 모닥불의 불빛에 더욱 뒤틀려 보였다. 자다가 소란에 이끌려 나온 샴하트는 한숨을 내쉬면서 고개를 저었다.

우루크의 왕궁에서 길가메시는 꿈을 꾸고 있었다.

하늘의 별 중에 하나가 떨어졌다. 그 충격으로 도시 전체가 들썩했다. 땅에 떨어진 별을 보려고 남녀노소가 다 몰려들었다. 젊은이들이 그것을 움직여 보려고 다닥다닥 들러붙었으나 어림없었다. 다들 물러서게 하고 길가메시가 별의 양옆을 잡고 힘을 썼다. 하지만 별은 그가 들어 올리기에도 너무 무거웠다. 다음에는 위아래로 잡고 뒤집어 보려 했지만 역시 힘들었다. 그러자 길가메시는 두 팔 벌려 별을 안았다. 사랑하는 아내를 안듯이 지극히 다정하게 별을 안고, 그 차갑고 거친 표면에 입을 맞추었다.

길가메시는 잠에서 깨어 뒤척였다. 오늘은 신년 축제가 시작되는 날이다. 새해의 첫날이 밝기 전에 꾼 꿈이니 신들이 내려 준 계시임이 분명하다. 무슨 뜻일까? 누군가 나타나리라는 뜻? 자기가 상대하기에도 만만찮은, 강하고 뜻이 곧은 인간이?

뭐라도 시작할 만하면 엄살떨며 나자빠지는 사람들 속에서 그는 외로웠다. 온통 약골과 겁쟁이들뿐이었다. 백성들은 물론이고 장군과 대신, 높은 귀족 들마저 길가메시만 바라보고, 길가메시의 결정과 판단만 기다리고, 길가메시에게 기대려고만 했다.

평소에도 그렇지만 더군다나 신년 축제에서는 왕이 원기 왕성하게 보여야 하기에 다시 잠을 청했는데, 또 꿈을 꾸었다.

우루크 시가지 한복판에 근사한 도끼 한 자루가 놓여 있었다. 그 도끼 때문에 도시 전체가 떠들썩했다. 도끼를 보려고 남녀노소가 몰려들고 젊은이들은 밀치락달치락했다. 길가메시는 허리를 굽혀 조심스레 도끼를 집어 들었다. 그리고 옆구리에 차고 결코 끌러 놓지 않았다. 사랑하는 아내와 한 몸이 되듯, 언제 어딜 가나 그 도끼를 몸에 꼭 붙이고 다녔다.

길가메시는 호화로운 침대에서 일어나 앉아 희끄무레하게 동터 오는 창밖으로 눈길을 던졌다. 누군가 오지 않을까? 평생의 동반자, 둘이 하나 되어 완전해질 다른 반쪽이? 함께라면 죽음도 무릅쓸 수 있는 동지가!

사랑과 전쟁의 여신 이난나의 신전에서 양과 염소를 잡아 제물로 태우는 연기가 피어올랐다. 이를 신호로 신년 축제가 시작되었다. 정장을 차려입은 우루크의 주민들이 신전으로 몰려들었다. 신전에는 꿀로 버무린 고급 과자와 외국에서 들여온 희귀한 과일들이 산더미처럼 쌓이고, 문마다 기둥마다 꽃과 보석이 휘늘어져 있었다. 기량을 뽐내려는 악단의 연주에 사람들은 귀청이 아프고, 자우룩하게 피워 놓은 향 때문인지 너나없이 뿌려 댄 향수 때문인지 어질어질했다.

해마다 이날, 우투크의 왕은 이난나 신전의 여사제와 결혼식을 치

렀다. 땅과 하늘의 결합을 상징하는 의례였다. 이 의례를 통해 여신의 위력을 얻음으로써 유프라테스 강변의 도시국가 우루크는 번영할 수 있었다. 탯줄이 잘린 순간부터 자신에게 운명 지어진 특권이자 의무를 수행하기 위해 길가메시는 당당히 입장하려다가, 멈추었다. 그가 신전에 들어서기 직전, 군중을 헤치고 한 거한이 걸어 나와 팔과 다리를 벌리고 문을 막아섰기 때문이다.

"와!"

사람들은 저마다 입에서 나오는 탄성을 황급히 틀어막았다. 감히 길가메시 왕을 가로막는 자가 있다니! 단번에 왕의 얼굴이 머리 꼭대기까지 시뻘겋게 달아오르고, 곧 벌어질 장면을 놓치지 않으려고 남녀노소가 발끝으로 서서 목을 늘였다.

신하를 불러 영문을 묻거나 병사를 시켜 체포할 것도 없이, 성질이 불같은 왕은 즉시 금실로 수놓인 예복을 찢고 높은 관을 벗어 패대기쳤다. 그리고 거한을 향해 돌진했다. 우당탕!

두 몸이 부딪쳤을 뿐인데 산사태 같은 소리가 났다. 엉겨 붙은 둘은 콧김을 씩씩대며 왼쪽으로 두 바퀴, 오른쪽으로 세 바퀴 돌더니 이쪽으로 우르르! 저쪽으로 쾅! 길가 상점들이 부서지고 진열대는 날아가고, 몇 겹으로 지어진 성벽마저 웅웅 울렸다.

"우와아!"

젊은이들은 주먹을 불끈 쥐고 거한을 응원했다. 말이 없으면 업신여기는 표정이요, 말을 하면 화난 표정인 왕, 장사 대회의 우승자도 시큰둥하게 맞아 싱겁게 쓰러뜨려 버리는 아니꼽기 짝이 없는 왕이 드디어 임자를 만났다!

둘은 땀으로 미끈대는 상대방의 맨살에 헛손질을 해 대면서 한 번은 왕이 위에, 다른 한 번은 거한이 위에, 번갈아 위로 아래로 뒹굴었다. 흙투성이로 일어나서는 다시 우당탕! 이쪽도 저쪽도 두 발이 흙 속으로 점점 더 깊이 박혀 들어갔다.

길가메시의 왼쪽 다리가 떨리더니 무릎이 꺾였다. 그의 무릎이 땅에 꿇렸다. 난생처음 당해 보는 패배! 그런데 화가 나지 않았다. 오히려 평소에도 까닭 없이 들끓던 분노가 가라앉고, 주체할 수 없던 혈기가 식어 갔다. 시원했다. 말할 수 없이 후련하고 머리가 맑아졌다.

"길가메시! 당신이야말로 진정한 영웅입니다!"

엔키두는 뒤로 벌렁 드러누워 군중이 다 듣도록 소리쳤다. 가슴이 벅찼다. 오늘 이 엄청난 사나이를 만나기 위해 지금껏 들판에서 홀로 살아온 것만 같았다. 마침내 제자리를 찾았다는 확신이 들었다. 길가메시의 옆!

둘은 서로 부축하며 일어났다. 그리고 누가 먼저랄 것도 없이 상대를 와락 끌어안았다. 입맞춤으로 그들은 친구요, 형제가 되었다.

# 4
삼나무 산 원정

"오, 엔키두. 마침 잘 만났소! 보름 뒤에 우리 집에서 열릴 연회에 꼭 참석해 주기를 바라오. 내 시종을 시켜 정식으로 초대장을 보내리다."

왕궁 복도에서 엔키두와 마주친 귀족들 가운데 하나가 호들갑스럽게 반색하며 말했다.

"보름 뒤라면……."

엔키두는 곤혹스러웠다. 고관대작들의 연회에 초대받는 데 이제는 신물이 났다.

"며칠 미뤄도 좋고, 앞당겨도 좋소. 당신 일정에 맞춰 연회 날짜를 잡을 것이오. 당신이 주빈이니까!"

엔키두가 여전히 머뭇대자 그 귀족은 돌연 붉으락푸르락했다.

"지난번 장관 댁 연회에는 갔으면서 왜 내 초대는 마뜩잖아하는 거요? 내가 우습게 보이오?"

"가겠습니다. 연회에 참석하겠습니다."

"진작 그럴 것이지."

"황무지의 야수였던 당신이 영웅이 되었구려! 요즘은 어딜 가나 당신 얘기뿐이니."

옆에 있던 다른 귀족이 묘한 웃음을 머금고 말했다. 그러자 나머지 귀족들도 서로 눈을 찡긋대더니 엔키두가 답할 새도 없이 가 버렸다.

"……감사합니다."

엔키두는 뒤늦게 중얼거려 보았다. 예의를 지키려면 이 말도 진작 해야 했겠지만 어쩐지 아닌 것도 같았다. 머리가 복잡했다. 교양 있게 행동한다는 게 보통 어려운 일이 아니었다. 진이 빠졌다.

"어서 오게."

집무실 커다란 탁자 앞에 서서 무엇인가를 내려다보고 있던 길가메시는 잠깐 눈만 들어 인사했다. 그의 옆에 나란히 서자 엔키두의 찜찜했던 기분이 말끔히 가셨다.

"자네도 알다시피 우루크에서는 수로가 농사의 젖줄이고, 운하는 상업과 무역의 핏줄이지. 목재 부족으로 수로와 운하 건설이 중단된 지 오래라네. 우루크를 유지하고 또 넓히려면 대책이 있어야 해."

길가메시는 지도에 열중한 채로 말했다.

"우루크!"

엔키두 팔뚝의 털들이 곤추섰다. 예전 같으면 올올이 뻗쳐올랐을 머리카락은 단정하게 땋여 있었다. 우루크를 위해서라면 엔키두는 무슨 짓이든 할 수 있었다. 그가 살기에 제일 편한 곳은 아닐지 몰라도, 세상에서 그가 있을 곳은 오직 우루크뿐이었다. 길가메시가 다른 데 있지 않고 우루크에 있는 까닭이었다.

먼 외국에서 온 상선들이 신기한 물건들을 내리고 싣는 포구는 흥미로웠고, 거룩한 신상들이 서 있는 신전은 장엄했다. 그러나 엔키두는 노시의 좁은 골목들이 가장 좋았다. 햇볕에 말린 연갈색 벽돌로 지은 집들이 나지막하게 이어지고, 네거리마다 푸성귀를 파는 노점상이 한둘씩 앉아 있으며, 옥상에서는 빨랫줄에 널린 크고 작은 옷들이 춤을 추었다. 저녁 무렵 집집이 빵 굽는 연기가 피어오르면, 꼭 어느 한 집에서 자신에게는 있어 본 적이 없는 부모가 기다리고 있을 듯만 싶었다. 현관, 베란다, 창문의 커튼 뒤에서 여인들이 수줍게 훔쳐보고, 처음 보는 젊은이도 오랜 친구처럼 손을 덥석 잡았다. 성가시도록 쫓아다니는 아이들은 그가 떠나온 들판의 동물들을 생각나게 했다. 문간에 나와 앉은 노인 옆에 자리 잡고 엔키두는 오가는 사람들을 시간 가는 줄 모르고 구경하기도 했다. 길가메시가 그렇듯이, 그도 그 사람들을 지키고 싶었다.

"오래전부터 나는 생각해 왔네. 손길 한번 타지 않은 질 좋은 삼나무 목재가 잠자고 있는 곳이 있지. 여기!"

길가메시는 검지 끝으로 지도의 한쪽 귀퉁이를 짚고 말을 이었다.

"우리가 여기를 개척하여 삼나무를 확보한다면 우루크를 두 배로 넓힐 수도 있을 거야! 하지만 여기까지 가 본 자는 아무도 없고, 갈 엄두를 내는 자도 없었다네. 맹수가 우글거리는 황무지를 가로지르고 험준한 산맥을 일곱 개나 넘어야 하는 데다, 더 큰 장애물은……"

길가메시의 손가락은 지도에서 온통 검은색으로 칠해져 있는 귀퉁이와 우루크를 가리키는 점 사이를 오락가락했다. 그러나 엔키두의 눈길은 검은 귀퉁이에만 꽂혀 있었다. 그는 지도를 잘 모르지만 검은색의 의미는 짐작하고도 남았다. 인간이 갈 수 없다는 표시였다. 괴물이 지키는 삼나무 산! 창백해진 엔키두는 길가메시의 말을 자르고 외쳤다.

"공포의 후와와!"

"그렇네. 땅의 일을 주관하는 신 엔릴이 삼나무 산의 산지기로 임명하고, 일곱 가지 신통력을 준 괴물이지."

"길가메시, 인간은 그 괴물을 상대할 수 없습니다. 그는 숲의 맨 가장자리에서 새끼 사슴이 첫발을 떼는 것까지도 알고 있습니다. 침입자는 결코 살아남지 못합니다. 그의 포효는 홍수처럼 모조리 휩쓸어 버리고, 그의 입에서는 불길이 뿜어져 나옵니다. 그의 숨결에 닿기만 해도 침입자는 목숨이 끊어집니다!"

"죽지 않는 자가 어디 있나!"

길가메시는 탁자를 쳤다.

"누구나 언젠가는 죽네. 신들은 하늘에서 영생을 누리지만, 인간의 정해진 수명은 하루하루 줄어들지. 자네는 날이면 날마다 성안 어디선가 터져 나오는 곡소리를 듣지 못했는가? 유프라테스 강에 떠가는 희멀건 시체를 본 적이 없는가? 어제 해를 올려다보던 얼굴이 오늘은 안 보이고, 분홍빛 육신이 썩어 흙이 된다네. 아무리 애를 써 봐야 죽을 때 손에 쥐는 것은 공기뿐! 나는 그렇게 사라지지는 않겠네!"

길가메시는 뺨을 타고 흐르는 눈물을 훔치고 엔키두의 눈을 들여다보았다.

"가장 소중한 벗이여, 내 형제여! 도시에서 자란 나는 황무지에서 방향조차 분간할 수 없고, 전투야 해 봤지만 괴물과 대결한 경험은 없지 않은가. 하지만 내 곁에 사자와도 맞붙어 이긴 자네가 있네! 자네하고 나하고 같이 삼나무 산을 정복해서, 아직 아무도 이름을 새기지 못한 그곳에 우리의 이름을 새기세. 이름이야말로 우리에게 주어진 날들이 다한 뒤에도 후세에 남아, 신들처럼 영원히 닳지도 색이 바래지도 않으리니!"

엔키두는 눈을 돌리고 말했다.

"당신은 몰라서 하는 소리입니다. 제가 들판에서 동물들과 살던 시절, 우연히 그 산 근처에 이른 적이 있습니다. 근처에만 갔는데도 죽을 병에 걸린 것처럼 의식이 가물거리고 사지가 마비되어 꼼짝도 할 수 없었습니다. 지금 다시 생각해도 떨립니다."

길가메시는 고함을 질렀다.

"내가 앞장서겠네! 그러니 자넨 따라오기만 하게. 나라고 왜 두렵지 않겠나? 하지만 왕좌에 붙박여 죽음이 찾아올 때를 기다리고만 있지는 않겠네."

엔키두는 궁궐에서 나오자마자 우루크에서 가장 나이 많고 명망 있는 노인의 집으로 달려갔다.

다음 날 우루크의 원로들이 떼로 궁궐에 들이닥쳤다.

"폐하! 젊은 혈기에 이끌리시면 안 됩니다. 폐하는 지금 스스로 무슨 말씀을 하는지 모르고 계십니다!"

"만에 하나라도 폐하께 변고가 생기면 우루크와 백성들은 어찌 되겠습니까? 탯줄이 끊긴 순간부터 폐하께 운명 지어진 직분과 책임을 잊지 마소서!"

원로들은 벌써 길가메시에게 변고라도 생긴 듯 침통하게 머리를 흔들면서 침을 튀겼다.

"자네가 부탁했나?"

길가메시가 엔키두를 돌아보았다. 엔키두는 잠자코 고개를 숙였다.

"이런다고 내가 마음을 바꿀 것 같은가? 천만에!"

길가메시는 한바탕 웃고 원로들에게 단호하게 말했다.

"나를 말리는 건 포기하시오! 우루크의 자손이 강하다는 걸 온 세상에 알려야겠소. 내가 모든 조치를 취해 놓고 가겠으나 원로들께서도 행정과 치안, 국방에 신경 써 주기 바라오."

원로들이 아우성치는데 시종이 길가메시의 어머니인 여신 닌순의 도착을 알렸다. 원로들은 당장 입을 다물고 머리를 조아렸으며 길가메시도 옷매무새를 가다듬었다. 여신이 신전에서 나온다는 건 대단히 드문 일이었다.

잠시 후 아리따운 여사제들을 거느리고 여신 닌순이 들어섰다. 엔키두는 처음 보는 여신의 위엄과 신비로운 기운에 숨이 막혔다.

"내가 들은 얼토당토않은 이야기가 헛소문이라고 말해 다오."

여신은 아들이 공손히 권하는 의자에 앉자마자 말했다.

"심려를 끼쳐 드려서 송구스럽습니다. 하지만 이것은 왕으로서 제가 해결해야 할 문제입니다."

길가메시는 허리 굽혀 사죄하면서도 제 결심을 밝혔다.

"네 아버지 루갈반다 왕을 잃은 것만으로도 견디기 힘든데, 너까지 잃어야 하겠느냐?"

"어머니께서는 아버지를 잃으셨듯이, 언젠가 저 또한 잃으실 것입니다. 인간인 아버지와 사랑하여 저를 잉태하셨을 때부터 정해진 일이 아닙니까? 어머니께 제 육신 대신 이름을 남겨 드리겠습니다. 특별히 주문한 무기가 완성됐다 합니다. 삼나무 산 원정에는 그 무기를……"

"무기까지 다 만들어 놓았느냐!"

여신의 그림 같은 얼굴이 형편없이 구겨졌다.

"지금 가지 못하면 제가 좀 더 살겠지요. 하지만 죽을 때까지 후회할 것입니다!"

길가메시의 목소리는 떨렸으나 완강했다.

"내가 네 아버지를 사랑하지 않았다면 이 꼴을 보지 않아도 됐을 것을! 하지만 그랬다면 너를 낳고 기르는 기쁨 또한 없었겠지."

여신의 눈에서 눈물이 방울져 떨어졌다.

"왜 제가 질 거라고만 생각하십니까? 이번에 가져갈 무기는 새로운 합금 기술로……."

어머니를 안심시키려는 길가메시의 설명은 도리어 그녀를 분노케 했다.

"듣기 싫다! 엔릴이 내린 신통력에 인간의 무기 따위로 어찌 맞서겠다고!"

여신이 호통치자 원로들이 바닥에 납작 엎드리고 여사제들조차 후들거렸다. 여신은 갈증 난 사람이 물을 찾듯 안타깝게 두리번거리다가 엔키두에게 눈길을 멈추었다. 그리고 옆에 있는 여사제에게 나지막이 무슨 말인가 했다. 저자가 엔키두냐고 묻는 듯했다. 버젓이 서 있던 엔키두는 뒤늦게 바닥에 엎드렸다.

"어서 앞으로 나가 무릎을 꿇게."

옆에 엎드린 원로가 팔꿈치로 엔키두의 옆구리를 찔렀다. 엔키두가 고개를 드니 여신이 일어나 있고 모두들 그를 주시하고 있었다. 그는 얼떨떨하게 걸어 나가 여신 앞에 무릎을 꿇었다.

여신은 자신의 목에서 목걸이를 끌러 엔키두의 목에 걸어 주면서 선언했다.

"이 목걸이를 증표로 삼아 약속하느니, 내가 너 엔키두를 자궁으로 낳지 않았으나, 나의 양아들로 삼는다."

"어머니! 제 마음을 어찌 아셨습니까? 역시 어머니이십니다!"

길가메시는 감격으로 눈을 빛내면서 엔키두에게 흐뭇한 웃음을 보냈다.

"하해와도 같은 은총이십니다!"

원로들도 입을 모아 합창했다. 여신은 말했다.

"내 신전의 여인들이 버려진 아이들을 데려다 기르듯이, 나는 너를 입양한다. 그들이 길가메시 왕께 충성을 맹세하였으니, 너와 네 자손들도 왕께 충성해야 할 것이다. 너는 강하다! 왕께서 무탈하게 돌아오실 수 있도록 잘 보필하라."

"폐하를 잘 보필하시오!"

원로들이 앵무새처럼 되뇌었다.

"어서 답변을 올리시오!"

그중 누군가 또 엔키두를 독촉했다.

"……예."

엔키두는 기어들어 가는 목소리로 답했다. 여신은 엔키두의 뺨에 입을 맞추는 체하면서 그에게만 들리게끔 빠르게 속삭였다.

"항상 네가 앞서가 살필 것이며, 뒤가 불안하거든 뒤처져서 방비하라. 이빨이니 발톱이니 하는 것에 당해도 끄떡없고, 괴물 소탕에 이골이 난 네가 아니더냐? 어떤 곤경에서도 내 아들을 혼자 두지 마라!"

엔키두는 눈앞이 잿빛으로 흐려졌다.

원정에 앞서 길가메시는 자신의 수호신인 태양의 신 우투에게 흰색 새끼 염소와 갈색 새끼 염소를 제물로 바쳤다. 그리고 향을 피우고 손을 코앞에 들어 올려 가호를 빌었다.

"아무리 큰 사람도 하늘에 닿지 못하고 아무리 넓은 사람도 땅을 다 돌지 못하니, 아무도 죽음을 피하지 못하기 때문입니다. 제게 정해진 날들이 다하기 전에, 아직 어느 인간도 발을 들이지 못한 삼나무 산을 정복하고 거룩한 우투께 영광을 돌리고자 하나이다."

원로들은 충고했다.

"정 위급할 때는 지하에 계신 루갈반다 선왕께 도움을 청하십시오. 필시 감응하실 것입니다."

그들은 엔키두에게도 당부했다.

"우리 원로들은 폐하의 안전을 온전히 그대에게 맡기는 바요. 그대는 반드시 폐하를 무사히 모시고 돌아와야만 하오!"

"예."

그런데 원로들은 엔키두를 구석으로 불러 당부를 추가했다.

"늘 자네가 앞장서게. 황무지야말로 자네가 속한 곳이며, 죽고 사는 싸움에 자네는 익숙하니 말이네."

"……예."

엔키두는 희미하게 답했다.

뿔나팔이 울렸다. 길가메시와 엔키두는 각자 소 반 마리만큼이나 무거운 도끼와 또 소 반 마리 무게에 버금가는 칼 한 쌍씩을 어깨에 둘러맸다. 서로의 손을 깍지 끼고 둘은 마침내 성문을 나섰다.

"이제라도 그만두고 돌아갑시다."

엔키두는 깍지 낀 손에 가만히 힘을 주며 말했다. 길가메시도 손에 힘을 주며 답했다.

"제발 이러지 말게! 나까지 맥이 빠지지 않나."

패기 있는 젊은이들이 함께 가겠다고 속속 성문을 뛰쳐나와 뒤에 따라붙는 탓에, 둘은 입을 다물었다. 길가메시의 손을 잡은 엔키두의 손이 떨렸다.

"아, 저 사람들까지 죽어야 하나!"

엔키두는 혼잣말로 탄식하더니 길가메시의 손을 뿌리치고 돌아섰다. 그리고 외쳤다.

"나는 삼나무 산에서 후와와가 사는 굴이 어디 있는지 알고, 그가 다니는 길목도 훤히 알고 있소. 내가 앞장서고 폐하는 나를 따라오시기만 하면 된다오! 당신들은 방해만 될 터이니 집으로 돌아가시오."

젊은이들은 뜨겁게 환호했다.

"그럼 가시오! 길가메시 왕과 엔키두, 가십시오!"
 성벽 위에 사람들이 하얗게 올라서서 축원하고 있었다. 맨발의 소년들은 앞다투어 달음박질하면서 손을 흔들었다.

우투께서 온종일 동행하시기를!
새벽에 우투의 아내가 남편 깨우기를 잊지 않고
밤에는 달의 신과 별들이 살펴 주시기를!
길이 평탄하고 언덕은 낮고 산은 열리고
발은 위험을 피해 디디기를!
당신들의 입으로 말한 모든 것이 이루어짐을
당신들의 눈이 볼 수 있기를!
돌아와 이 성문으로 들어오기를!

5
나는 너를 돕고, 너는 나를 돕고

두 용사는 닷새가 걸릴 거리를 반나절 만에 갔다. 딱딱한 빵을 쪼개어 배를 채운 다음, 해 지기 전까지 열흘 걸릴 거리를 더 갔다. 보름치 거리를 단 하루 만에 주파해 버렸다. 그렇게 그들은 사흘 동안 보통 사람에게는 한 달 반 걸릴 거리를 전진했다.

사흘째 저녁에는 샘을 파서 깨끗한 물을 가죽 부대에 가득 채웠다. 길가메시는 산꼭대기로 올라가서 의례를 위해 소중히 지니고 간 밀가루를 뿌리면서 기원했다.

"산이시여, 우투의 응답을 제게 꿈으로 보여 주소서!"

엔키두도 밀가루를 동그랗게 뿌리고 그 안에 잠자리를 마련했다. 밤이 되자 엔키두는 바닥에 누워 잠이 들었으나, 길가메시는 너무 깊이 잠들면 꿈을 꾸어도 깨고 나서 잊어버릴까 봐 무릎을 끌어안고 턱을 고인 채였다.

한밤중에 엔키두는 길가메시의 말소리 때문에 깨어났다.

"자네가 날 불렀나? 날 건드린 게 자네 아닌가? 귀신이 지나갔나? 왜 이렇게 소름이 끼치지? 엔키두, 내가 방금 꿈을 꾸었는데 무슨 뜻인지 도통 모르겠네. 매우 혼란스러워! 자네는 황무지에서 살아왔으니 나보다 마법이라든가 해몽에 능하겠지."

길가메시는 꿈에서 본 것을 이야기했다.

꿈속에서 그는 엔키두와 골짜기에 있었다. 갑자기 산이 무너져 흙더미가 둘을 덮쳤다. 둘은 물에 빠진 파리처럼 허우적거렸는데, 허우적거릴수록 발밑이 꺼지면서 몸이 흙 속으로 빨려 들어갔다. 가슴까지 빨려 들어간 엔키두를 잡으려고 길가메시는 손을 내밀었으나 자신도 가슴까지 흙에 잠기고 있었다. 그때 아주 잘생긴 남자가 나타나서 길가메시를 쑥 빼 올렸다. 그리고 안전한 곳에 내려 주고는 가죽 부대를 기울여 시원한 물을 주었다.

"그 잘생긴 남자는 태양의 신 우투입니다. 우투는 당신의 수호신이니까요."

엔키두는 해몽이라곤 해 본 적 없지만 짐짓 능숙한 듯이 이야기를 풀었다.

"당신의 꿈은 길몽입니다. 우리가 후와와를 거꾸러뜨린다는 뜻이지요."

"그런가?"

길가메시는 적잖이 마음이 놓이는 눈치였다.

"걱정 마십시오. 다음 꿈은 더욱 길할 것입니다."

또 보름 걸릴 거리를 하루 만에, 한 달 반 거리를 사흘 만에 두 용사는 전진했다. 산꼭대기에 올라 밀가루를 뿌리고, 밀가루로 그린 원 안에서 쉬었다.

"엔키두, 날 깨웠나? 귀신이 지나갔나? 왜 이렇게 소름이 끼치지? 이번 꿈은 분명히 흉하다네! 기분이 좋지 않아."

한밤중에 또다시 길가메시는 엔키두를 깨우고 꿈 이야기를 했다.

황소와 맞붙는 꿈이었다. 황소의 성난 울부짖음에 땅이 갈라지고 먼지가 구름처럼 일었다. 길가메시는 황소의 뿔을 붙잡고 있는데, 뒤쪽에서 엔키두가 황소의 꼬리를 잡고 있는지 끙끙 용쓰는 소리가 들렸다. 길가메시는 엔키두를 돕고 싶지만 황소의 뿔을 상대하는 것만으로도 힘에 부쳤다. 급기야 힘이 빠져 넘어지려는 순간, 한 노인이 다가와 그를 쓱 받아 올리더니 가죽 부대를 기울여 물을 주었다.

"대단히 좋은 길몽입니다."

엔키두는 해몽해 주었다.

"황소는 빛나는 우투입니다. 이 꿈은 우리가 위험에 처할 때마다 우투가 손을 꽉 잡아 주신다는 뜻입니다. 그리고 물을 준 노인은 루갈반다 왕이지 누구겠습니까? 루갈반다 왕은 당신의 아버지이니까요. 다음 꿈도 길할 것입니다."

다시 한 달 반 거리를 사흘 만에 가고, 그로부터 사흘을 더 갔다. 우루크로부터 멀어지고 삼나무 산에 가까워질수록 길가메시의 꿈은 더욱더 불길해졌으나, 엔키두는 억지로 좋은 뜻으로 해석해 주었다.

또 사흘을 간 밤, 엔키두는 가슴이 답답해서 잠을 깼다. 안 뜨이는 눈을 억지로 비벼 떴는데도 여전히 멍하고, 우울하고, 몸은 천근만근이었다. 그는 끔찍했던 옛 경험이 떠올랐다. 후와와! 후와와가 그들의 야영지까지 신통력을 뻗쳤음에 틀림없었다.

"일어나십시오! 여기서 자면 다시는 깰 수 없습니다!"

바닥에 쓰러져 정신없이 자고 있는 길가메시를 엔키두가 흔들었다.

"우루크의 성벽을 세운 위대한 왕이여! 신들의 총애를 받는 타고난 영웅이여! 고작 잠에 굴복할 겁니까?"

뺨을 치고, 몸을 때리고, 발로 차고 굴려도 길가메시는 깨지 않았다.

"당신 없이는 살 수 없는 사람들의 기다림을 헛되이 하지 마십시오! 당신 어머니가 아들의 수의를 짓게 하지 마세요!"

길가메시는 또 꿈을 꾸고 있었다.

꿈속에서 하늘은 굉음을 울리고 땅은 우르르 떨렸다. 문득 잠잠해지면서 어둠이 드리웠다. 번개가 어둠을 가르자 땅에서 불길이 솟구쳤다. 치솟을 대로 치솟은 불길은 불똥이 되어 죽음의 비로 쏟아져 내렸다. 어디선가 한 줄기 흰빛이 비치니 불길이 잦아들었다. 그러곤 흩날리던 것들이 재가 되었다. 다 재가 되었다.

길가메시의 오른쪽 눈썹이 움찔했다. 꿈속의 재가 아직도 사방에 흩날리는 듯했다. 머리가 깨질 것 같았다. 겨우 눈을 뜨니 땀으로 범벅이 된 엔키두가 귀에 대고 고래고래 소리치고 있었다. 길가메시는 신음하며 몸을 웅크렸고 일어나며 정신을 가다듬고는 이를 갈았다.

"나를 낳은 어머니 닌순과 나의 아버지 루갈반다의 명예를 걸고 맹세하노니, 후와와! 그 괴물이 신인지 사람인지 정체를 확인할 때까지 이 발길을 결코 돌리지 않겠다!"

길가메시는 땅을 박차고 일어나 제 도끼와 칼을 챙겼다.

"가세!"

그러나 엔키두는 무릎을 꿇고 앉은 채로 꿈쩍하지 않았다.

"더 이상 가면 안 됩니다. 이건 후와와의 경고에 불과합니다."

"내가 죽더라도 사람들은 기억할 것이네. '우루크의 자손 길가메시! 공포의 후와와와 맞서 싸운 자'라고."

"그럼 혼자 가십시오!"

엔키두는 잠시 말을 끊었다가 굳은 표정으로 이어 갔다.

"저는 우루크로 돌아가겠습니다. 당신 어머니 닌순께 당신의 훌륭한 업적을 전해 드리겠습니다. 당신 어머니는 웃으시겠지요. 그리고 당신이 죽었다고도 전해 드리겠습니다. 그러면 당신 어머니는 우시겠지요."

"여기까지 함께 와 놓고 왜 이러나? 자네답지 않네! 싸움에 길든 자네의 심장은 다시 한번 북처럼 울리기를 바랄 걸세."

"아니요, 저는 살고 싶습니다. 너무나 살고 싶습니다! 이름? 이름이 왜 필요한지 전 모르겠습니다. 저는 다만 사람들 속에서 살고 싶을 뿐입니다. 그게 그렇게 어렵습니까?"

무기를 떨어뜨리고 길가메시는 바위에 걸터앉았다. 두 손으로 머리를 감싼 채 한동안 고민하더니 가라앉은 목소리로 말했다.

"자네가 여기서 돌아간다 하더라도, 남은 생이 평안할까? 죽음이 언제 들이닥칠지 모르는데! 죽음과 결판을 내기 전까지는 인간에게 휴식이란 없네. 형제여, 왜 모르는가? 내가 자네를 만나고 자네는 나를 만난 덕분에, 우리가 서로를 구할 수 있다는 것을!"

길가메시는 손을 내밀었다. 그러나 엔키두는 차디차게 허공만 노려보았다. 길가메시는 더욱 간절히 호소했다.

"매여 있는 배는 가라앉지 않고, 세 가닥으로 꼰 밧줄은 끊어지지 않으며, 낟가리에 붙은 불은 꺼지지 않는 법이라네. 내가 자네를 돕고 자네가 나를 돕는다면, 혼자서는 패배가 예정돼 있는 죽음과의 싸움을 뒤집을 수도 있으련만!"

엔키두는 여전히 길가메시의 어깨 너머만 노려보고 있었다. 길가메시는 불현듯 뒤통수가 서늘하여 뒤를 돌아보았다. 거기 새벽 여명을 헤치고 삼나무 산이 다가와 있었다. 그들이 어제 해 질 녘에 도착해서 밤을 보낸 야영지는 삼나무 산의 가장자리였다.

길가메시는 바위에서 일어나 땅바닥에서 무기를 다시 집어 들고 돌아섰다. 그리고 검푸른 산을 향해 꼿꼿하게 섰다. 엔키두는 말없이 앉아 있었다.

이윽고 길가메시의 한 발이 앞으로 나갔다. 그리고 다른 발이 그 앞으로 나갔다. 길가메시는 터벅, 터벅, 걸어갔다.

길가메시가 멀어져 갔다.

엔키두는 언젠가도 이렇게 우두커니 자욱한 먼지를 일으키며 멀어져 가는 동물들을 바라본 적이 있었다. 그때 새로운 삶이 시작되었듯이, 지금 또 다른 삶이 시작되려 한다.

별안간 엔키두는 짐승들이 제 몸을 흔들어 털을 고르듯 부르르 떨었다. 들판을 떠났을 때부터 그의 자리는 단 한 군데였다. 길가메시의 옆! 그는 튀어 일어나 제 도끼와 칼을 어깨에 둘러메고, 멀리 앞에서 흔들리는 도끼와 칼을 향해 뛰어갔다.

두 용사는 들어갔다. 인간을 허락하지 않는 신들의 사유지, 공포가 군림하는 원시림으로.

6
일곱 가지 신통력의 후와와

    하늘을 가린 삼나무 가지들 사이로 간간이 빛줄기가 드리우고, 서로 얽혀 두툼하게 땅을 덮은 덤불 틈에서 시냇물이 사금파리처럼 반짝였다. 이름 모를 꽃들이 뿜어내는 향기로 공기가 달콤했다. 다가오는 아침에 밀려가는 부드러운 안개는 마지막으로 나무둥치들을 휘감고 이부자리처럼 두 영웅을 유혹하는 듯했다. 쓸데없는 짐을 내려놓고 누워서 쉬라고. 편안히 누워서 이 축복을 누리라고.

    길가메시와 엔키두는 정신이 번쩍 들었다. 아름답기 그지없는 숲에 나 있는 기다란 띠 같은 것은, 커다란 발이 오가며 다져 놓은 오솔길이었다. 주변 나뭇가지들의 형태로 보건대 그 길을 다져 놓은 주인공은 몸집이 앞발을 들고 일어선 곰보다 최소한 두 배는 클 것 같았다. 더군다나 낫처럼 길고 날카로운 발톱 자국이 길 위에 규칙적으로 찍혀 있었다. 그런 몸집과 발톱을 가졌다면, 괴물이 아니고 무엇이겠는가!

"멍청이와 얼간이는 서로 잔소리라도 해야 하거늘, 길가메시! 기어이 여기까지 오고야 말았구나!"

괴물 후와와는 이미 마중을 나와 있었다. 지척에서 낫처럼 긴 발톱으로 나뭇가지를 부러뜨리며 다가왔다.

"엔키두! 물고기 알처럼 아비를 모르는 자, 거북의 새끼처럼 어미의 젖을 빨아 보지 못한 자야, 네 상전에게 바른말을 해 줬어야지! 네가 철부지였을 때 내 눈에 띈 적 있으나 놓아주었더니, 오늘날 내 배를 채워 주려고 상전을 끌고 돌아왔느냐? 마침 잘되었다! 내 매와 독수리들이 밥 달라고 시끄럽게 울어 대던 참이로다."

후와와의 얼굴은 일곱 마법의 신통력으로 휘황찬란하고, 말을 하는 동안에도 모양과 색깔이 끊임없이 바뀌었다.

"이럴 수가! 내 눈이 어떻게 된 건가?"

길가메시는 휘둥그레진 눈으로 와들와들 떨었다.

"이제 와서 왜 이럽니까?"

엔키두는 어이가 없었다.

"자네, 경험 많은 자네가 좀 어찌해 보게."

길가메시의 어깨가 움츠러들고 사타구니는 오그라들었다.

"징징대지 말아요! 돌이키기에는 늦었습니다!"

엔키두는 칼을 고쳐 잡으면서 눈을 부라렸다. 온몸의 털이 곤두선 그는 또 하나의 괴물로 보였다.

"쇳물은 틀에 부어졌고, 석탄은 불에 던져졌습니다. 당신이 늘 얘기하던 순간이 지금입니다. 영원히 닳지 않을 이름을 남길 때가 바로 지금이라고요! 동시에 덮쳐서 갈겨 버립시다!"

그러나 후와와는 엔키두를 철저히 무시하고 길가메시에게 말했다.

"너는 젊다. 왜 도시로 돌아가 젊음을 즐기지 않는가? 너의 권세는 이미 높을 대로 높고, 신들은 너로 인하여 충분히 기뻤으며, 네 어머니는 아들의 훌륭함을 자랑하고도 남았다. 네 유모까지 너를 무릎에 앉혀 젖을 먹였던 보람으로 살고 있느니. 해치지 않을 터이니, 너는 두려워 말고 엎드려 복종하라!"

길가메시는 무릎을 꿇었다. 그리고 손으로 땅을 짚고 엎드렸다.

"길가메시!"

엔키두가 부르짖었다. 그러나 길가메시는 비굴하게 애걸했다.

"저를 낳은 어머니 닌순과 제 아버지 루갈반다의 명예를 걸고 맹세하노니, 저를 진정 살려 주신다면 돌아가 당신의 위용을 널리 알릴 것이며, 아내로 삼으시도록 당신께 제 누나를 보내 드리겠습니다."

"네 청을 받아들인다."

후와와는 흡족히 끄덕였다. 그래도 길가메시는 일어나지 못하고 벌벌 떨었다.

"저를 낳은 어머니 닌순과 제 아버지 루갈반다의 명예를 걸고 맹세하노니, 저를 진정 한집안 식구로 받아 주신다면, 첩으로 삼으시도록 제 여동생도 당신께 보내 드리겠습니다."

"이 또한 받아들인다."

"당신도 제게 마법의 신통력을 선물해 주신다면, 진정 황송하게도 저를 한 식구로 받아 주신다는 약속의 증표로 알겠습니다."

"너와 나는 이미 한 가족인데 못 줄 까닭이 무엇이냐?"

후와와는 첫 번째 신통력을 길가메시에게 주고, 두 번째, 세 번째, 네 번째, 다섯 번째, 여섯 번째, 일곱 번째까지 모두 넘겨주었다. 그러자 눈이 동그랗고 입은 헤벌쭉하며 이마에 주름이 자글자글한 본래의 얼굴이 드러났다.

"나이팅게일 소리가 들리나?"

후와와는 영판 다른 나긋나긋한 말투로 묻고는 감상하듯 눈을 지그시 감았다 떴다.

"요즘이 한창이야. 바야흐로 사랑의 계절이니까! 삼나무들의 자태와 때깔을 보았겠지? 여긴 동물과 식물들의 천국이라네. 기적의 약초

들도 지천이고 금덩이, 은덩이는 발에 채지. 내가 평생 지키고 가꾸지 않았다면 어림도 없었을 게야. 자네 같은 인간들 때문에 말이야! 인간들은 메뚜기 떼보다 그악스럽고 가뭄보다 악랄해!"

후와와는 점점 흥분하다가 동그란 눈을 깜박이고는 다시 점잖게 말했다.

"음, 그렇지만 나의 소중한 가족한테까지 야박하게 굴어서야 안 되겠지. 처가댁 식구들은 언제든지 환영한다고 말씀드리게."

후와와는 길가메시에게 다정히 입을 맞추었다.

길가메시는 마주 입을 맞추는 척하다가 주먹으로 후와와의 얼굴을 갈겼다. 신통력을 모두 잃은 후와와는 아무런 저항도 하지 못하고 맥없이 쓰러졌다. 그리고 코와 입에서 피를 쏟으며 낑낑댔다. 엔키두가 칼을 치켜들고 달려들자 후와와는 겁에 질려 길가메시에게 매달렸다.

"저자를 말려 주시오! 나를 죽여 봤자 무슨 소용이오? 내 당신의 종이 되리다. 당신이 명령하는 대로 얼마든지 삼나무를 잘라 드리겠소. 오, 세상에서 가장 크고 강한 우루크의 자손이여, 관용을 베풀어 주오! 당신의 영광스러운 궁전에 어울리는 희귀한 은매화나무도 찾아 드리겠소."

그는 엔키두도 타일렀다.

"너는 야생의 규칙을 알고, 땅을 지배하는 엔릴의 법도를 안다. 나

는 너희를 죽일 수 있었고, 시체를 매와 독수리에게 먹일 수도 있었으나 그러지 않았다. 이번에는 네가 나를 살려 줄 차례가 아닌가?"

"시끄럽다!"

엔키두는 칼을 더욱 치켜들었다. 후와와는 다급히 신들에게 호소했다.

"우투시여! 당신이 애지중지하는 영웅 길가메시가 제 부모의 명예를 걸고 맹세해 놓고는 저를 배신했습니다. 이것이 온당합니까! 위대한 엔릴이시여! 저는 당신의 뜻으로 아비도 어미도 없이 산지기로 태어나, 아무런 돌봄도 받지 못하고 즐거움도 모른 채 홀로 당신의 명령만 수행해 왔습니다. 이런 저를 버리시렵니까!"

후와와의 눈에서 눈물이 뚝뚝 떨어졌다. 길가메시는 양심이 찔리고 측은한 생각이 들어 엔키두의 팔을 잡았다.

"여기 산속에 틀어박혀 살게 놔두세."

엔키두는 매몰차게 뿌리쳤다.

"거짓이라곤 모르던 이자에게 당신이 거짓을 가르쳤습니다! 당신에게 톡톡히 배운 그의 말을 이제 어찌 믿는단 말입니까? 장담컨대 그를 풀어 주면 당신은 우루크로 돌아갈 수 없습니다. 엔릴과 우투가 알아채기 전에 얼른 처치해야 합니다!"

후와와는 엔키두를 저주했다.

"상전에게 남의 악담만 하는 비열한 종! 먹여 주기만 하면 어떤 짓도 마다 않는 날품팔이꾼! 너희 둘 다 늙을 때까지 살지 못할 것이며, 둘 중에서도 네가 먼저 죽으리라!"

그 말에 길가메시가 격분하여 엔키두의 칼을 빼앗아서는 후와와의 목을 찔렀다.

"너희를…… 갈기갈기 찢어…… 새들에게 던져 줄…… 것을!"

후와와는 아직 숨이 붙어 헐떡거렸다. 엔키두가 도끼로 그의 목을 완전히 쳐 냈다.

삼나무들이 쓰러졌다. 언덕이 무너져 내렸다. 산의 짐승들은 방향 없이 헤매다 부딪혀 죽고, 떨어져 죽었다. 산지기를 잃은 산이 우르르 몸부림쳤다.

길가메시와 엔키두는 산에서 제일 큰 삼나무를 거침없이 베어 내, 뗏목에 싣고 유프라테스 강을 따라 우루크로 돌아왔다.

먼저 엔릴에게 용서를 빌어야 했다. 길가메시와 엔키두가 엔릴의 신전에 가서 경배하고 가죽 부대에서 후와와의 머리통을 꺼내자 엔릴은 크게 노했다.

"너희의 짓이냐, 각오하라!"

그러나 둘의 말을 듣고 나서 엔릴은 후와와의 머리통에 싸늘한 눈길을 던졌다.

"어리석기는! 아무리 아내와 첩을 준다고 했을지언정 체통도 없이 신통력을 넘겨주다니."

엔릴은 길가메시로부터 마법의 신통력을 회수하여 산과 강에 나눠 주었다. 그리고 두 사람에게 후와와의 제사를 지내라는 가벼운 벌을 내리고, 어서 물러가라는 뜻으로 손등을 까딱거렸다.

7
여신의 복수

사랑의 여신 이난나가 눈을 들어 길가메시를 바라보았다. 젊은 나이에 길이 기억될 위업을 이룬 그는 그야말로 근사했다. 충만한 자신감이 안으로 다져져 온화하고 여유로웠으며, 상대방의 말에 귀를 기울일 줄 알면서도 재치가 있었다. 그래서 더욱 강하고 남자답게 보였다.

"오세요, 향기 그윽한 나의 집으로!"

이난나는 하느작대면서 길가메시에게 다가가 달콤한 목소리로 속닥거렸다. 그녀는 이 목소리로 수컷이라면 신이건 인간이건, 동물까지 설레게 할 수 있었다.

"그대, 내 것이 되어 주오. 그대는 남편, 나는 아내! 그대에게 청금석 마차를 드리리니. 금 바퀴에 뿔나팔을 달고 폭풍의 신과 함께 달리시라! 만국의 왕들과 귀족들이 그대의 발아래 엎드려 산과 들을 바쳐 오리. 그대의 암염소는 세쌍둥이를 배고 암양은 쌍둥이를! 그대의 당나귀는 노새보다 힘이 세며 말은 갈기를 흩날리면서 질주하고 황소는 무적이리오."

그런데 길가메시는 심드렁했다. 예전의 그라면 이난나가 유혹할 필요도 없이 제가 먼저 안달했겠으나, 이제는 달랐다. 팔꿈치를 괴고 요모조모 따졌다.

"여신과 결혼한다면 나는 무엇을 드려야 하리까? 여신의 품위에 값하는 의복과 신성한 몸에 바를 기름과 왕들이나 마실 수 있는 명주? 그런 다음에는? 그런데 당신의 이전 신랑들은 다 어디로 갔소? 한둘이 아니었을 텐데?"

이난나는 말문이 막혀 입술을 잘근댔다.

"기억이 나지 않으시나 보니 내가 한번 노력해 보리다."

길가메시는 자리에서 일어나 뒷짐을 지고 서성대며 읊기 시작했다.

"우선, 두무지! 당신의 어릴 적 연인인 그는 지금 당신 대신 저승에 볼모로 잡혀 떨고 있다지. 알록달록한 깃털에 당신이 반했던 양치기 새! 당신은 그를 때려 날개를 부러뜨렸지. 요즘 그 새는 덤불에 숨어 '내 날개! 내 날개!' 하고 운다 하더이다. 위풍당당한 사자는? 싫증

이 나자 당신은 함정을 일곱 개나 파서 결국 빠뜨려 버렸소. 그러고도 함정을 일곱 개 더 팠다는 게 사실이오? 전쟁터에서 용맹을 떨치던 종마를 사랑한 뒤에는 채찍질하고, 찌르고, 사정없이 내몰았소. 그를 일곱 시간을 내리 달리게 하고도 또 일곱 시간을 더 달리게 하고는 흙탕물을 마시게 했으니, 그의 어머니는 열네 시간 동안 울부짖고 또 울부짖었다지. 이제 좀 기억이 나시는지?"

"닥쳐라!"

여신이 까마귀처럼 갈라진 목소리로 외쳤으나 길가메시는 제 이마를 치고 덧붙였다.

"아차! 당신은 목동하고도 사랑에 빠진 적이 있었지! 그는 당신에게 때마다 깜부기불에 빵을 구워 주고 날마다 새끼 양을 잡아 주었건만, 당신은 그를 늑대로 만들어 버렸소. 그는 예전에 동료였던 목동들에게 쫓기고 자기가 기르던 개들한테 정강이를 물어뜯기고 있다오. 언젠가 당신은 아침마다 대추야자를 한 바구니씩 갖다 주는 당신 부친의 정원사에게도 눈독을 들였지. 그런데 그는 어찌 되었소? 듣기로는 당신이 두더지로 바꿔 버렸다던데……. 아님 개구리였나? 자, 이번에는 당신이 사랑하는 사람이 나라오! 나는 어찌하시려오?"

"네가 우루크의 생사를 책임진 왕이건만 감히 여신의 심기를 거슬렀겠다!"

이난나는 분노와 수치로 얼굴이 새빨갛게 달아올랐다. 길가메시는 눈 하나 깜짝 않고 응대했다.

"이제부터 왕권은 당신의 허락 없이도 인간인 내 힘으로 지킬 것이오! 당신은 산들바람에도 들썩거리는 거적문이오. 가까이 있으면 피곤하단 말이지! 또 당신은 주인을 적셔 버리는 물 새는 가죽 부대, 벽돌 사이에 끼어 성벽을 주저앉히는 석회석, 발을 죄는 신발이오. 난 전혀 필요 없으니 썩 꺼지시오!"

"어디 우루크가 어찌 되는가 보자!"

이난나는 이를 갈며 곧장 하늘로 올라가서 가뭄을 일으키는 황소를 몰고 왔다.

쿵! 황소가 땅을 울리며 네 발굽을 딛자 그 자리에서 불로 지진 듯 흰 수증기가 피어올랐다. 황소는 유프라테스 강에 주둥이를 박고 강물을 들이켜기 시작했다. 강물이 부글부글 끓으면서 3분의 2로 줄어들었다. 황소는 주둥이를 들어 숨을 고르고는 다시 물속에 처박았다. 강물이 더 줄어 3분의 1만 남았다. 황소가 또다시 숨을 고르고 강물을 들이마셔 유프라테스 강을 다 말려 버리기 전에, 우루크의 모든 젊은이가 달려들었다.

황소는 고개를 돌리고 한껏 들이마신 숨을 뜨거운 콧김으로 내뿜었다. 그 콧김에 바위와 자갈이 하늘까지 치솟더니 소나기처럼 쏟아져 내렸다. 땅에는 지옥 같은 구덩이가 패고, 100명이 그 속에 빠져 죽거나 크게 다쳐서 버둥댔다. 황소의 두 번째 콧김에는 더 크고 깊은 구덩이가 파여 200명이 빠졌으며, 세 번째 콧김에는 300명이 빠졌다. 인간, 바위, 뜯겨 나온 건물, 뿌리 뽑힌 나무, 가축 들까지 황소의 콧김에 낙엽처럼 날아다니다가 아무 데나 퍽퍽 떨어졌다. 누가 알았을까. 어제까지 세계에서 가장 화려하고 풍요로웠던 도시 우루크가 이렇게 무너질 줄을!

세 번째 구덩이에 엔키두도 빠졌다. 하지만 기적적으로 가장자리에 매달렸다가 솟구쳐 땅을 디뎠다. 그리고 그대로 황소 옆구리를 겅중겅중 디디며 올라타 뿔을 잡았다. 황소는 엔키두를 떨쳐 내리려고 앞발로 곤두서고 뒷발로 일어나고, 빙빙 돌고, 성벽에 몸을 부딪치면서 날뛰었다. 머리를 흔들어 허연 침을 튀기고, 뒤로는 꼬리를 휘둘러 똥을 튀겼다.

"길가메시, 어디 있습니까! 나 혼자서는 안 됩니다!"

엔키두는 온 힘을 다해 뿔을 잡으면서 길가메시를 찾았다. 그러나 길가메시는 나타나지 않았다.

"우루크의 왕이여! 용맹함으로 만방에 이름을 떨친 길가메시여!"

엔키두가 부르짖는 동안에도 사람들이 목초처럼 소 발굽에 짓밟혔

다. 엔키두는 황소를 멈춰 세우기 위해 소의 등줄기를 타고 미끄러져 내려와 닻줄 같은 꼬리에 매달렸다. 그리고 땅에 뒤꿈치를 단단히 박고 버텼다. 소꼬리가 팽팽하게 당겨졌다. 황소는 꼬리에 엔키두를 매단 채로 달렸으나 점점 느려지다가 제자리걸음을 하게 되었다. 엔키두의 뒤꿈치는 땅에 수로처럼 깊은 자국을 남기고, 황소의 앞발은 땅을 갈가리 찢어 놓았다. 황소는 어깨와 머리를 숙여 앞으로, 엔키두는 몸을 젖혀 뒤로, 양쪽이 서로 반대로 힘을 썼다.

그때 길가메시는 황소가 눈치채지 못하는 새 다가가 치명타를 가하기 위해 숨어 있었다. 황소가 엔키두와 겨루는 데 정신이 팔리자 길가메시는 뛰어나갔다. 그리고 앞으로 힘을 쓰느라고 수그러진 황소의 콧잔등을 밟고 뛰어올라, 능숙한 백정처럼 두 뿔과 목덜미 사이 급소에 칼을 쑤셔 박았다.

길가메시는 황소의 심장을 꺼내 우투께 바치고, 양동이만큼이나 굵고 창처럼 기다란 두 뿔에 기름을 가득 부어 돌아가신 루갈반다 선왕께 바쳤다. 그리고 승리의 기념으로 청금석으로 만들어진 그 뿔들을 제 왕궁 앞마당에 세워 두기로 했다.

"재앙이 있으라, 나를 모략하고 하늘의 황소를 죽인 길가메시!"

이난나가 우루크 성벽 위에 서서 저주했다. 이난나의 저주를 들은 엔키두는 황소의 뒷다리 한 짝을 찢어 던지면서 을렀다.

"내 손이 닿을 수만 있다면 당신한테도 똑같은 짓을 해 줄 텐데!"

"네놈은 이 순간을 수천 번 후회하게 될 것이다!"

이난나는 잡아먹을 듯 엔키두를 노려보더니 사라졌다.

길가메시와 엔키두는 유프라테스 강에 손을 씻었다. 그리고 서로 손을 잡고 우루크의 대로를 천천히 걸었다. 황소를 피해 숨어 있던 사람들이 나와 뒤를 따랐다. 그 수가 점점 불어나 큰길을 채우고도 끝이 보이지 않았다. 길가메시는 노래를 불렀다.

영웅 중에 가장 뛰어난 영웅은 누구?
장사 중에 가장 용감한 장사는 누구?

군중이 노래로 답했다.

길가메시! 영웅 중에 가장 뛰어난 영웅!
엔키두! 장사 중에 가장 용감한 장사!

이난나는 엔키두가 던진 황소 뒷다리를 질질 끌고 하늘로 올라갔다. 그리고 안 앞에 털썩 주저앉아 고해바쳤다.
"아버지! 엔키두가 제게 이런 걸 던졌습니다. 인간 주제에 여신인 저를 피가 흐르는 짐승의 뒷다리로 모욕했습니다."
안은 엔릴과 우투를 급히 호출했다.
"길가메시와 엔키두가 후와와를 살해하고 우리가 아끼는 삼나무 산을 이발하듯 깎아 버린 것으로도 모자라, 이번엔 하늘의 황소까지 죽여 버렸다. 아무리 길가메시라 해도 더 이상 두둔할 수 없다. 어찌해야 하겠느냐?"

엔릴은 이마를 찌푸리고 대답했다.

"인간 두 명이 자기들의 힘으로 여신의 징벌을 물리쳤으니, 앞으로 인간들이 신들을 두려워하겠습니까? 잘 아시다시피 인간들은 반항 기질을 타고난 종족입니다. 길가메시와 엔키두에게 고무되어 너나 나 신에게 도전하려 들 것입니다. 본보기 삼아 둘을 죽여서 신과 인간의 위계를 확실히 해야만 합니다!"

족보상으로 우투는 엔릴의 손자뻘이지만, 기죽지 않고 이의를 제기했다.

"땅 위에서 벌어지는 일 중에 엔릴 당신의 뜻이 아닌 것이 있습니까? 두 사람이 한 일이 무엇이든, 당신의 뜻에 맞았기 때문에 이루어진 것입니다. 둘은 고민하고, 망설이고, 용기를 내고, 싸웠으나 다 당신의 큰 계획 속에서 정해진 역할을 했을 뿐입니다. 그런데도 그들을 죽이시렵니까?"

엔릴은 교활한 웃음을 흘리며 반문했다.

"이 두 인간이 젊어서 죽는 것 또한 나의 큰 계획 속에 있다면?"

우투는 경악하여 아무 말도 하지 못했다. 엔릴은 본심을 너무 드러

여신의 복수 79

냈다 싶은지 고개를 홱 돌려 안에게 절충안을 내놓았다.

"적어도 둘 중 하나는 죽여야 합니다. 엔키두! 후와와의 목을 악착같이 쳐 낸 것도 엔키두, 이난나에게 불결한 물건을 던진 것도 엔키두입니다. 무엇보다도 길가메시는 3분의 2가 신, 3분의 1은 인간이지만, 엔키두는 다 인간입니다. 인간 부분이 더 많은 쪽을 죽여야 합니다."

우투는 이마에 손등을 대고 중얼거렸다.

"제가 길가메시의 수호신이나 너무하다는 생각이 듭니다. 따져 보자면 삼나무 산 정벌을 주장한 것도 길가메시, 이난나를 자극한 것도 길가메시이고 엔키두는 순진하게 옆에서 돕기만 했는데도요?"

엔릴은 우투에게 벌컥 화를 냈다.

"너는 대체 어쩌자는 말이냐! 다 너 때문에 일이 이리된 것 아니냐! 네가 시시때때로 길가메시와 어울려 헛바람을 불어넣어서 신들에게나 가능한 것을 감히 꿈꾸게 했고, 삼나무 산 정벌도 모르는 척 용인해 주었으며, 원정길에도 동행하면서 꿈으로 미래를 알려 주지 않았느냐? 후와와와 싸울 때 네가 동서남북의 바람을 보내 길가메시를 은밀히 지원한 것을 내가 모르는 줄 아느냐?"

모든 신의 아버지인 안은 깜빡 졸다가 물었다.

"그래, 길가메시냐, 엔키두냐?"

8
죽음

"문, 이 무정한 것아! 멀찍이서도 나는 너를 알아보았지. 너는 삼나무 산에서 다른 나무들 위로 우뚝 솟아 있었어. 마치 뽐내는 왕자처럼! 보자마자 나는 네가 우루크의 자랑스러운 성문이 되어야 한다고 생각했어."

엔키두는 병상에서 일어나 앉아 창으로 보이는 성문을 향해 중얼거렸다.

"장인들을 모셔다가 특별히 주문했지. 함부로 다루지 말고, 너의 우람하고 쭉쭉 뻗은 자태와 섬세한 나뭇결과 그윽한 향기까지 최대한 살려 달라고. 너를 삼나무 산에서 여기까지 실어 온 것도 나, 너를 유프라테스 강의 이쪽 강변과 저쪽 강변에서 가장 아름다운 문으로 만든 것도 나, 성의 오래된 문짝을 뜯어 버리고 너를 일으켜 세워 문틀에 꼭 맞게 끼워 넣은 것도 나였어. 너의 응답이 이것일 줄 알았더라면, 그때 너를 토막 쳐서 땔감으로 써 버렸을 것을!"

엔키두는 머리카락을 쥐어뜯고 옷을 찢어 내동댕이쳤다.

"너를 그 산에 그냥 두어 훗날 어떤 장수가 발견하게 할 것을! 나 말고 그가 너를 성문으로 만들고 내 이름 대신 자기의 이름을 새겨, 이 재앙이 나 아닌 그에게 임하게 할 것을!"

엔키두의 눈에서 줄줄 흘러내리는 눈물을 누군가의 부드러운 손이 닦아 주었다.

"엔키두, 곧 나을 거예요. 길가메시 왕이 안과 엔릴의 신전에서 끊임없이 향을 피우고 날마다 새끼 염소를 바쳐 당신의 쾌유를 빌고 있으니까요."

엔키두를 우루크로 데려왔던 샴하트였다.

"엔릴의 입에서 한번 나온 명령이 철회될 리는 없어!"

엔키두는 샴하트의 손을 거칠게 쳐 내고 씩씩대며 노려보더니, 원망을 퍼부었다.

"내가 너를 만나지 않았더라면, 이렇게 젊은 나이에 죽을병에 걸릴 일이 없었을 것이다! 나는 들판에서 동물들과 행복하게 살고 있었건만!"

"당신은 우루크에 와서 살아온 날들을 후회하나요?"

샴하트는 눈물을 글썽이며 물었다.

"후회해! 수천 번의 후회로도 모자라! 나는 너를 저주한다! 너의 어여쁜 무릎에 맥주 찌꺼기가 쏟아지고, 나들이옷에 술 취한 남자가 토하기를! 술에 취한 남자든, 술 한 방울 마시지 않은 남자든 네 뺨을 후려치기를! 네가 망해 너의 집은 길이 되고 너는 황무지에서 잠을 자기를! 가시덤불에 네 발이 찢어지기를!"

샴하트는 귀를 막고 방에서 뛰쳐나왔다. 하인이 방문을 닫고 그녀를 위로했다.

"너무 상심하지 마십시오. 요즘은 누구에게나 저러시니까요."

닫힌 방문 안에서 엔키두의 고함이 마저 새 나왔다.

"샴하트! 너 때문에 나는 죽는다! 도망쳐 봤자 나의 저주는 너를 덮쳐서 네가 죽을 때까지 끝나지 않을 것이다!"

샴하트는 참았던 울음을 터뜨렸다. 물웅덩이를 사이에 두고 처음 마주쳤을 때의 엔키두 얼굴과 지금의 얼굴은 하늘과 땅 차이였다. 그때는 이빨을 드러낸 모습이 사나워 보일지언정 미움은 없었다. 그런데 지금 엔키두 얼굴에는 미움과 증오뿐이었다. 실제로 본 적은 없지만 마귀의 얼굴이 저럴 것 같았다.

"밤에도 등잔을 끄지 못하게 하고 밤새 소리치신답니다. 하루가 다르게 병세가 위중해지니 아무래도……."

하인은 쩔쩔매며 말했다.

샴하트는 엔키두의 집을 나와서도 처진 어깨로 길가에 오래 서 있었다. 엔키두가 옳았다. 그가 우루크로 오지 않고 황무지에서 계속 살았더라면, 마귀의 얼굴만큼은 절대로 되지 않았을 것이다.

등잔의 불빛이 미치지 않는 어두운 구석에서 낯빛이 검은 남자가 걸어 나왔다. 남자의 얼굴은 흉측하고, 사자의 발 같은 손에 독수리의 발톱이 달려 있었다. 엔키두는 침대에서 굴러 내려와 도망쳤다. 그러나 남자가 뒤에서 엔키두의 머리채를 휘어잡고 음산한 목소리로 말했다.

"너는 진흙으로 만들어졌으니, 도로 진흙으로 돌아가리라."

엔키두가 돌아서서 주먹을 날렸으나 남자는 훌쩍 뛰어 엔키두를 쳐서 넘어뜨렸다. 엔키두는 소리쳐 불렀다.

"길가메시!"

그러나 아무도 오지 않았다. 남자는 엔키두의 몸을 뗏목 뒤집듯 엎어 놓고는 올라타고 마구 짓밟아 댔다. 엔키두는 부르짖었다.

"형제여! 날 살려 주오!"

그러나 이 누구도 오지 않았다. 남자가 엔키두를 어디론가 끌고 가려

고 밧줄로 두 손목을 꽁꽁 묶기 시작했다.

"으악!"

"엔키두! 엔키두! 정신 차리게!"

엔키두는 눈을 떴다. 길가메시가 그의 손을 잡고 걱정스럽게 내려다보고 있었다.

"죽음의 사자는?"

엔키두는 베개에서 머리를 들고 두리번거렸다.

"내가 자네 곁에 밤새 있었다네. 죽음의 사자 같은 건 오지 않았어."

길가메시가 잔에 물을 따라 입에 대 주었으나 엔키두는 얼굴을 돌렸다. 물이 베개를 적셨다.

"삼나무 산으로 가는 길에 우투께서 당신에게 보여 주신 꿈들을 기억합니까? 꿈에서 나를 도우려 했지만 그럴 수가 없었고, 당신 혼자 구원받았다고 했지요. 그대로 되는군요!"

엔키두는 얼굴을 돌린 채로 말했다.

길가메시는 물 잔을 탁자에 내려놓고는 팔을 무릎에 기대고 머리를 숙였다. 엔키두에 대한 걱정과 죄책감 때문에 길가메시도 병자처럼 야위고 초췌했다.

한참 만에 길가메시가 나지막이 말했다.

죽음 87

"내가 잘못 생각했었네. 나는 이제 꿈의 계시 같은 것은 믿지 않네. 만약에 정해진 운명이 있다면 신들이 알려 줄 리가 없을 것이네. 인간이 운명을 알면 기필코 거스르려 하지 누가 그대로 살겠나?"

"각자 정해진 운명이 없다고요? 여신의 아들인 당신과 진흙으로 만들어진 내가 어떻게 같을 수가 있습니까? 죽음의 사자가 말하길 내가 진흙으로 만들어졌다고 하더군요. 진흙으로 만들어졌기 때문에 나는 우투께 구원받을 가치가 없었던 겁니다."

엔키두는 실성한 듯이 키득거렸다.

"인간이 진흙으로 만들어지다니, 말이 되나? 자네가 악몽을 꾼 것뿐이야. 날이 밝았으니 나는 이제 신전에 가 봐야 하네. 자네를 위해 우투께도 제물을 올리겠네."

길가메시는 일어나서 이불을 다독여 주었다.

"우투시여! 당신의 가호를 제게도 좀 나눠 주소서!"

엔키두는 뼈만 남은 손을 들어 허공의 아침 햇살을 움켜쥐면서 흐느꼈다. 길가메시는 두 주먹을 꽉 쥐고 마음속으로 신들에게 간절히 빌었다.

'엔키두를 벌하지 말고, 제발 이 길가메시를 벌하소서!'

눈을 감으면 엔키두의 영혼은 벌써 어디론가 하염없이 흘러갔다. 마침내 닿은 곳에는 빛이 없었다. 어둠 속에 깃털 옷을 입은 사람들이 조각된 새처럼 우두커니 앉아 있었다. 탁자며 의자에 먼지가 수북하고, 그들이 잔을 기울여 마시는 것도 먼지이며, 접시에 담아 먹는 것은 진흙이었다. 그곳은 어둠과 먼지의 집이었다.

돌아보는 데마다 바닥에 왕관이 먼지를 뒤집어쓴 채 수북이 쌓여 있었다. 거기 있는 이들은 모두 다 생전에는 한 나라를 통치하고 백성을 호령하던 자들이었다. 그러나 그곳에서 그들은 먼지와 진흙으로 배를 채우면서 저승의 신들에게 바칠 고기와 과자를 굽고 있었다. 신들은 한 줄로 나란히 앉아 있는데, 한가운데 옥좌에 앉은 이는 감히 쳐다보기도 두려울 만큼 위엄이 넘치는 여신이었다. 저승의 여왕 에레슈키갈라! 여왕 앞에는 저승의 여자 서기가 서판을 들고 꿇어앉아 거기 적힌 명단을 낭독하고 있었다.

"엔키두!"

방금 그녀가 소리 내어 읽은 것은 엔키두의 이름이었다. 저승의 서기는 거기서 읽기를 중단하고 시선을 엔키두에게로 돌렸다. 그러자 모든 신과 에레슈키갈라 여왕도 그에게로 잿빛 얼굴을 돌렸다. 엔키두는 온몸의 피가 말라붙었다.

엔키두는 침대에서 일어나 앉았다. 며칠째 혼자서는 목조차 가누지 못하고 숨도 불규칙해서 헐떡거렸는데, 문득 편해졌다. 방 안에는 빛이 가득하여 눈을 뜰 수가 없었다. 엔키두는 더듬거리며 침대에서 내려왔다.

강한 빛이 차차 누그러졌다. 멀리 자욱한 먼지를 일으키며 달려가는 동물들이 보였다. 엔키두는 돌아보았다. 뒤쪽에는 알몸의 샴하트가 팔짱을 끼고 바위에 걸터앉아 그를 기다리고 있었다. 엔키두는 멀어져 가는 동물들과 샴하트를 번갈아 쳐다보았다. 그는 샴하트를 따라 우루크로 오기 전의 과거로 돌아와 있었다. 그는 다시 선택할 수 있었다. 그때에는 샴하트를 따라가서 맞게 될 비참한 결말을 몰랐지만, 이제는 알았다. 엔키두는 샴하트를 버리고 동물들에게로 신나게 뛰어갔다.

하지만 뜀박질은 느려지다가 그만 멈추어 버렸다. 우루크에서 기웃거렸던 장터들과 뒷골목에 앉아 바라본 행인들이 떠올랐다. 짐꾼의 외침, 수레바퀴 소리, 신전에서 쟁쟁 울리는 심벌즈 소리, 길가의 담소, 어머니가 아이를 부르는 소리, 이른 아침 우유 장수의 작은 종소리, 커튼이 펄럭이는 소리, 웃음소리, 곡소리, 싸움하는 소리……. 우루크에서만 겪을 수 있는 경험이었다.

한편으로 동물들과 초원을 질주하고 나서 물웅덩이로 몰려가 입을 대고 마셨던 물맛도 떠올랐다. 온몸에 차오르던 기쁨! 젖을 내주던 어미 나귀의 아무런 대가도 바라지 않는 애정, 가르친다는 생각조차 없는 영양들의 자연스러운 가르침, 눈곱을 핥아 주던 혀와 따뜻한 옆구리.

동물들과 샴하트 사이에서 엔키두는 부들부들 떨며 고민했다. 그리고 결국 눈물을 흘리며 동물들에게서 등을 돌렸다. 그들을 따라간다면 자신은 머릿속에 텅 빈 공백을 담고 살아야 할 것이다. 엔키두는 샴하트에게로 와서 그녀의 발치에 쭈그려 앉았다.

또 강한 빛이 걷히고, 저 앞에 길가메시가 도끼와 칼을 어깨에 걸메고 걸어가고 있었다. 엔키두는 길가메시와 삼나무 산으로 들어가기 직전에 혼자 남아 망설이던 과거로 돌아와 있었다. 그는 다시 선택할 수 있었다. 그때에는 길가메시를 따라갔지만 이번에는 혼자 우루크로 돌아갈 수 있었다. 그러면 가련한 후와와의 목을 도끼로 자를 필요가 없고, 목숨 걸고 하늘의 황소와 싸울 필요도 없고, 일찍 죽지 않아도 될 것이다.

하지만 엔키두는 땅바닥에서 제 도끼와 칼을 찾아 어깨에 둘러메고 지체 없이 길가메시를 향해 뛰어갔다. 그가 길가메시를 만나고 길가메시는 그를 만났기 때문에, 둘은 서로에게 최고의 인생을 선물할 수 있었다. 우정과 사랑!

"너는 그토록 많은 위험과 죽을 고비를 겪어 놓고도, 배운 것이 도무지 없구나."

어깨에서 강한 빛을 발하는 남자의 형상이 눈앞에 떠오르고 귓가에 신비로운 목소리가 울렸다. 남자의 형상은 엔키두를 가슴에 품고 등을 토닥여 주었다.

"누구십니까?"

"나는 우투다. 네가 나를 부르지 않았느냐?"

"오, 태양의 신 우투시여! 제게도 와 주셨습니까?"

엔키두 가슴속의 응어리가 녹아 버렸다.

"너는 죽어도 높이 숭앙받을 것이다. 하지만 길가메시는 살아도 산발한 머리로 사자 가죽을 걸치고 황야를 헤매게 될 것이다."

우투는 엔키두에게 길가메시의 운명을 알려 주었다. 엔키두는 우투에게 애원했다.

"안 됩니다! 길가메시를 구원해 주소서!"

엔키두는 눈을 끔벅였다. 그는 아까처럼 제 방 침대에 앉아 있었다. 우투가 환상을 보여 주었던 것이다. 엔키두는 종을 울려 하인을 불렀다.

"내가 부르는 대로 잘 외워서 샴하트에게 전해 주게."

엔키두는 읊기 시작했다.

"샴하트, 나는 저주를 거두고 너를 축복한다. 높은 관료와 귀족들이 너를 사랑하기를! 너를 만날 생각에 들떠 멀리서부터 어쩔 줄 모르기를! 네게 수정과 청금석과 금을 주고, 귀걸이와 목걸이를 선물하기를! 젊은 병사도 네게 반하기를!"

숨이 다시 거칠어지고 내장이 꼬여 엔키두는 쓰러졌다. 몸속의 피가 소용돌이치기 시작했다. 그는 하인한테 외운 것을 잊기 전에 어서 샴하트에게로 달려가라고 손짓했다. 그리고 고통보다는 슬픔 때문에 신음했다.

"길가메시! 길가메시!"

병을 앓은 지 열이틀째 되는 날, 엔키두는 길가메시에게 말했다.

"나를 기억해 주십시오. 우리가 함께했던 일들을 잊지 말아 주십시오. 나는 이제 영혼이 되어 죽은 자들의 땅으로 갑니다. 아, 당신을 다시는 볼 수 없다니!"

엔키두는 길가메시를 애타게 쳐다보았으나 눈빛이 차차 흐려졌다.

"후와와의 신통력도 이긴 자네가 왜 이 잠은 이기지 못하는가!"

길가메시가 엔키두를 세게 흔들었다. 엔키두는 간신히 눈에 힘을 주고 웅얼댔다.

"당신 말대로 운명 따위는…… 없을 겁니다. 운명이 있다 쳐도……

알면 고통스러울 뿐이니 모르는 게 낫겠지요."

 엔키두의 눈꺼풀이 내려와 눈동자를 가렸다. 길가메시가 아무리 흔들어도 엔키두의 두 눈은 다시 뜨이지 않았다.

"내 친구! 나의…… 형제! 운명에…… 지지…… 말아요."

 뻐끔거리며 속삭이던 입술마저 굳어 버렸다. 길가메시가 가슴을 만져 보니 심장 또한 뛰지 않았다.

"너는 모든 싸움에서 나를 구했건만, 나는 너를 구하지 못했구나!"

 길가메시는 엔키두의 입에 마지막으로 입을 맞추었다. 그리고 제 옷을 찢고 가슴팍을 할퀴며 절규했다.

 초원의 영양과 나귀들아 애도하라, 너희가 기르고 가르쳤던 아들을!
 사슴과 들소들아 애도하라. 너희와 함께 달리던 친구를!
 성스러운 티그리스 강이여 애도하라, 강둑을 거닐던 이를!
 정결한 유프라테스 강이여 애도하라, 가죽 부대에서 물을 따라 바치던 이를!

 길가메시는 또 발코니로 뛰어나가 시가지를 향해 울부짖었다.

우루크여, 들으시오!

나는 비통하게 우노니

내 옆구리의 믿음직한 도끼, 내 허리춤의 막강한 칼을

죽음의 사자가 빼앗아 가 버렸소!

나의 친구 엔키두, 민첩한 노새요

광야의 흑표범을!

그가 하늘의 황소와 맞서는 모습을 본 모든 이들이여,

그를 기억해 주오!

일 장단에 맞추어 그의 이름을 노래하던 농부들이여,

그를 위해 애가를 불러 주오!

그에게 빵과 맥주를 준 양치기들이여,

형제처럼 울어 주오!

그의 몸에 기름칠을 해 주고 등에 연고를 발라 주

던 여인들이여,

누이처럼 울어 주오!

길가메시는 엔키두의 장례를 허락하지 않았다. 엔키두의 얼굴을 새 신부처럼 고운 천으로 가려 두고 혼자 밤낮으로 옆을 지켰다.

"엔키두! 내 말이 들리나?"

가끔 길가메시는 천을 들추고 친구에게 말을 걸곤 했다. 그러나 대답 없는 엔키두의 얼굴은 점점 검게 변해만 갔다.

그는 엔키두의 곁을 독수리처럼 맴돌고 새끼를 잃은 암사자처럼 오락가락했다. 이레째 되는 날에도 그는 친구의 얼굴을 보려고 천을 들추었다. 그런데 엔키두의 콧구멍에서 통통한 구더기들이 고물대며 기어 나왔다. 길가메시는 자기도 모르게 진저리 치며 두어 걸음이나 물러섰다. 그러고는 뻣뻣이 서 있다가 바닥으로 무너져 내렸다. 그는 통곡했다.

길가메시는 신하들에게 엔키두의 장례를 치르도록 하고, 장인들을 불러 엔키두의 조각상을 만들라고 명령했다. 그리고 다음 날 새벽에 왕실의 보물 창고를 열어 진귀한 물건들을 꺼냈다. 홍옥수 병에는 꿀을, 청금석 병에는 버터를 채워 붉은 탁자에 올려놓았다. 엔키두를 잘 맞아 주도록 그것들을 저승의 신들께 바치고, 아무도 모르게 우루크를 떠났다.

9
배를 채우고 즐기라

길가메시는 해가 지는 쪽으로 갔다. 양치기들이 불을 피운 흔적마저 사라지자 바위와 가시덤불뿐이었다.

"엔키두! 엔키두!"

길가메시는 슬픔이 골수에 사무쳐서 시도 때도 없이 울었다. 전갈들이 멋모르고 나왔다가 꼬리의 독침을 세우며 뒷걸음치고, 돌풍이 일어 함께 윙윙 울어 대기도 했다.

"나도 언젠가 죽는다! 엔키두처럼 죽을 것이다!"

그는 돌베개를 베고 잠이 들었다가도 벌떡 일어나 마구 내달렸다.

"후세에 사람들이 내 이름을 칭송해도 죽은 나는 듣지 못하고, 내 이름으로 기념비를 세운들 죽은 나는 보지 못할 것이다. 그 이름이 무슨 소용인가!"

길가메시는 끝없이 걸었다. 바위산을 만나면 타 넘고 벼랑은 기어 내려가고 메마른 골짜기는 가로질렀다. 오로지 해가 지는 쪽으로, 얼마나 더 가야 하는지도 모른 채, 그저 멀리.

한밤중에 길가메시는 사자 떼와 맞닥뜨리고 말았다.

"달의 신이시여! 저를 지켜 주소서!"

그는 바위 뒤에 웅크려 빌었다. 그러나 바위는 그를 숨겨 주기에는 너무 작았다. 길가메시의 심장은 쿵쾅댔다. 사자 떼는 바람결에 실린 그의 냄새에 콧구멍을 벌름거리며 점점 다가왔다. 지금이라도 우루크로 되돌아가 나중에 올 죽음을 기다릴 것인가? 아니면 죽음을 무릅쓰고 계속 전진할 것인가?

전해져 오기를, 죽지 않고 영원히 사는 인간이 둘 있으니 '먼 데 있는 자' 우트나피슈팀과 그의 아내였다. 그들이 사는 '먼 데'는 저녁에 지는 해와 아침에 뜨는 해의 경계이자 동과 서가 만나고 강들이 합쳐지는 지점이라 했다. 그곳은 신들의 정원으로서, 이름은 '딜문'이었다. 길가메시는 그곳까지 가서 우트나피슈팀을 만나 영생의 비결을 알아낼 작정이었다.

"내 형제 엔키두도 너희를 이긴 적 있거늘! 나는 딜문에 가야만 한다!"

길가메시는 바위 뒤에서 일어나며 외쳤다. 그리고 단검과 도끼를 치켜들고 사자 떼의 한가운데로 뛰어들었다.

"짐승."

봉우리가 두 개인 쌍둥이 산을 지키는 한 쌍의 괴물 중 하나가 말했다. 침입자는 아직 눈에 보이지 않아도 풍겨 오는 냄새로 알 수 있었다.

쌍둥이 산은 저녁에 지는 해를 맞이하고, 아침에 뜨는 해를 배웅했다. 꼭대기는 높이 솟아 하늘을 떠받쳤으며 뿌리는 깊어서 저승에까지 닿았다. 인간이 발을 디딜 수 있는 땅은 그 산 앞에서 끝났다. 거기가 인간 세상의 끝이었다. 이제부터는 신들만이 다닐 수 있는 신들의 영역이었다. 반은 인간이고 반은 전갈인 한 쌍의 괴물이 그 산을 지키고 있는데, 그들은 접근하는 자가 신이 아니라면 공포에 떨다가 죽게끔 하는 신통력이 있었다.

"인간."

한 쌍의 괴물 중 다른 하나가 말했다. 지평선에 한 점으로 떠오른 침입자는 아직 피비린내가 가시지 않은 사자 가죽을 걸친 인간이었다. 그는 곧 괴물들의 신통력에 부딪혀 그 자리에 못 박혀서는 공포로 온몸을 떨었다.

"신!"

괴물 중 하나는 경탄했다. 침입자는 몸부림을 치면서도 신통력을 뚫고 한 걸음씩 다가왔다.

"3분의 2만 신이고 3분의 1은 인간이니까, 인간."

다른 하나가 냉정하게 수정했다.

"살아 있는 인간을 보기는 당신이 처음이오! 대체 여기까지 왜 왔소?"

곧 쓰러질 듯 그들 앞에 다다른 남자에게 하나가 물었다.

"내 이름은 길가메시. 영원히 사는 우트나피슈팀을 찾고 있소."

길가메시가 허옇게 부르튼 입을 열어 쉰 목소리로 답했다.

"턱도 없는 소리! 우트나피슈팀은 산 너머에 살고 있소. 인간이 이 산을 넘기란 불가능하고, 산 밑을 관통하는 동굴이 있긴 하나 그리로는 태양의 신 우투만이 지나다니오. 저녁에 져서 저리로 들어가 밤새 동굴을 지나, 다음 날 아침에 산 너머 반대쪽으로 뜬다오."

하나는 독침 달린 꼬리로 커다랗게 입을 벌린 동굴을 가리켰다.

"태양의 신이 하늘에 떠 있는 낮 동안에 저 동굴을 지나가면 될 거 아니오?"

"이보오, 태양이 아침에 떠서 저녁에 질 때까지 저 동굴 속에는 빛 한 점 없소. 인간은 완전한 어둠에 가슴이 짓눌려서 죽어 버린다오."

"내가 한번 가 보겠소. 나는 우트나피슈팀을 꼭 만나야만 하오."

"가 보라지."

집게를 흔들고 마주치기도 하면서 잠자코 듣고 있던 다른 하나가 불쑥 말했다. 그리고 하나에게 귀띔했다.

"어차피 이자의 심장에는 슬픔만이 가득 차 있으니까."

숨을 깊이 들이쉬고 길가메시는 동굴로 들어갔다. 짙은 어둠이 그를 밀어내는 듯했다. 그는 입구에서 비쳐 드는 빛에 의지해 걸었다. 보이는 것은 태양의 열기에 갈라지고 부스러진 돌멩이들뿐이었다. 화재 현장에 와 있는 것 같았다. 뒤를 돌아보면 입구 양쪽에 하나씩 붙어 서서 환송하는 전갈 괴물들이 보였다. 빛은 점점 희미해지고 돌아볼 때마다 괴물들은 더욱 작아졌으며, 이윽고 입구가 바늘구멍만 해지 더니, 그것마저 어둠에 먹혀 버렸다.

숨이 가빠졌다. 눈을 감으나 뜨나 똑같고, 손을 들어 올려도 그 손으로 제 코를 만지기 전까지는 실감이 나지 않았다. 앞에 뭐가 있는지 혹은 뒤로 뭐가 다가올지 전혀 알 수 없었다. 땀이 징그러운 곤충처럼 스멀스멀 몸을 타고 흘러내렸다. 갑자기 앞으로 잘 가고 있는 건지 의심이 들었다. 어쩌면 입구 쪽으로 되돌아가고 있는지도 몰랐다. 몇 시간은 걸은 것 같은데, 한 시간이 채 안 됐을 수도 있었다.

'저는 살고 싶습니다. 너무나 살고 싶습니다!'

삼나무 산으로 들어가기 직전에 엔키두가 했던 말이 떠올랐다. 그 때의 굳은 표정으로 그가 바로 앞에 서 있는 듯도 했다.

"미안하네!"

길가메시는 엔키두를 잡으려고 손을 허우적대며 눈물을 흘렸다.

'꿈에서 나를 도우려 했지만 그럴 수가 없었고, 당신 혼자 구원받았다고 했지요.'

병상에서 엔키두가 원망스럽게 했던 말도 떠올랐다.

"나를 용서하게! 아니, 용서하지 말게!"

길가메시는 머리를 쥐어뜯으며 무너져서 바닥을 기었다.

엔키두의 콧구멍에서 기어 나오던 구더기들!

"생명 있는 것의 결말은 슬프다! 내가 왜 헛되이 애를 쓰는가?"

길가메시는 무언가에 머리를 쿵 부딪고는 옆으로 쓰러졌다. 그대로 무릎을 끌어안고 꼼짝하지 않았다. 저녁이 되어 태양이 동굴로 들어와서 자신을 태워 죽일 때까지 움직이지 않을 셈이었다.

한 시간 혹은 몇 시간이 흘렀는지도 몰랐다. 어떤 기척에 눈을 떴다. 눈을 떠 봐야 보이는 것은 없지만, 실제로 말소리를 들은 것 같았다. 말소리의 진동이 느껴졌다.

"내 친구, 나의 형제!"

엔키두가 부르고 있었다. 길가메시는 소리 나는 곳을 향해 죽자 살자 기어갔다.

"운명에 지지 말아요!"

말소리인 줄 알았던 공기의 진동은 미세한 바람결이었다. 바람! 바람이 들어오는 틈이 어딘가에 있다! 길가메시는 일어나서 비틀대며 걸었다. 그리고 저 멀리 바늘구멍처럼 찍힌 출구를 보았다.

출구로 다가갈수록 붉은빛이 쏟아져 들어왔다. 조금씩 확대되는 출구는 이글대는 불구덩이처럼 보였다. 짙은 어둠에 마비되었던 그

의 눈이 불에 덴 듯 화끈거렸다. 길가메시는 손으로 눈을 가리고 마지막 힘을 다해 뛰어나갔다. 저녁노을에 붉게 물든 하늘 아래 그는 쓰러졌다.

　태양의 신 우투는 밤새 쌍둥이 산 밑의 동굴을 통과했다. 동굴에서 나와 다시 하늘로 올라가려는데 땅바닥에 널브러진 길가메시가 보였다. 그는 피로 얼룩진 사자 가죽을 몸에 두른 데다, 오랫동안 씻지 못한 탓에 퀴퀴한 냄새까지 났다.
　"길가메시."
　우투는 측은하게 내려다보다가 그의 이름을 불렀다. 길가메시는 벌떡 일어나 두리번거렸다.
　"그 꼴이 뭐냐!"
　길가메시는 그제야 짐작이 가는지 서서히 고개를 들었다. 그리고 자기의 수호신에게 대꾸했다.
　"배를 채우려면 별수 있습니까? 짐승들을 닥치는 대로 잡고 죽여서 먹었지요."

"얼마나 더 헤매려느냐? 돌아가라! 너는 네가 찾는 영생을 얻을 수 없느니라."

"그렇게 정해져 있나이까?"

길가메시의 입술이 한쪽으로 비죽 이지러졌다. 그는 시선을 내렸다가 당돌하게 눈꼬리를 치켜세우고 말했다.

"산이란 산은 다 넘고 물이란 물은 다 건넜습니다. 잠을 쫓고 한숨 돌릴 틈도 아껴 가며, 근육이 망가지고 뼈가 닳도록 걸어서 여기까지 왔단 말입니다! 그런데 저더러 돌아가서 얌전히 죽으라고요? 어차피 제가 죽어서 저승에 가면 쉴 시간은 많습니다. 거기서는 몇 년이건 몇 십 년이건 드러누워 잠만 잘 테니까요."

우투는 한숨을 쉬었다. 그리고 길가메시에게 마지막 말을 남기고 하늘로 떠올랐다.

"갈 데까지 다 가고, 보고 싶은 만큼 다 보라."

길가메시는 제 눈을 믿을 수 없었다. 아침 햇살에 드러난 풍경은 꿈에도 본 적 없고 상상조차 못 해 본 것이었다. 홍옥으로 된 나무에 투명하고 붉은 구슬의 포도송이가 묵직하게 맺혀 있었다. 청금석으로 된 나무에는 바다처럼 새파란 잎들이 달그락대고, 들장미는 작은 고드름 같은 유리 가시를 달고 마노로 된 꽃을 피우고 있었다. 그는 나무줄기를 타고 오른 덩굴을 만져 보았다. 거기 조르르 맺혀 있는 것은 진주였다. 산호, 녹옥, 적철석……. 여기가 딜문, 신들의 정원이었다.

선술집을 하는 포도주의 여신 시두리는 눈을 가느스름하게 좁히고 한곳을 응시했다. 바닷가에 나타난 기다란 형체가 점점 다가왔다. 시두리의 눈이 차차 커지다가 속눈썹이 바르르 떨렸다. 그녀는 제 술집으로 뛰어가서 빗장을 지르고 자물쇠까지 채웠다. 사자 가죽을 걸친 괴한은 그 소리를 듣고 더욱 속력을 내어 달려와 금세 문을 두드렸다.

"나는 길가메시라고 하오. 길 좀 물읍시다. 우트나피슈팀의 집이 어디요?"

"당신 같은 거짓말쟁이에게는 알려 줄 수 없어요."

시두리는 베일을 눈 밑까지 끌어 올리고 날카롭게 외쳤다. 그녀는 늘 두건과 망토를 뒤집어쓰고 베일로 얼굴을 가리고 있었다.

"내가 왜 거짓말쟁이라는 거요? 이까짓 문짝쯤이야 내겐 한주먹 거리도 안 되오. 당신의 멱살을 잡아서라도 알아내고야 말겠소!"

길가메시는 문을 거칠게 흔들었다.

"당신이 길가메시일 리가 없잖아요! 우루크의 영웅, 길가메시의 풍모를 내가 모를 줄 알고?"

길가메시는 멈칫했다. 문가에 있는 황금 술통에 제 모습이 어른거리고 있었다. 그는 몸을 돌려 정면으로 비추어 보았다. 자신도 놀랐다. 한낮의 햇볕과 밤의 추위와 사나운 모래바람에 시달리고, 가시와 바위에 찔리고 긁히며, 굶주림과 목마름에 찌들어 그는 노인처럼 늙어 보였다. 머리는 지푸라기처럼 부스스하고 피부는 검고 갈라졌으며, 얼굴에는 깊은 주름이 파여 있었다. 길가메시는 맥이 풀려서 벽에 등을 기댄 채 미끄러져 내렸다.

"내게 친구가 있었소. 우린 모든 어려움을 함께했다오."

길가메시는 중얼거렸다.

"나는 그를 사랑했소. 깊이 사랑했소! 그러나 그가 인간에게 닥치는 최후를 나보다 먼저 맞아 시체가 되고, 그 시체가 썩어 가기 시작했을 때, 나는 그 모습이 끔찍해서 도망쳤소. 너무나 끔찍했소! 아, 엔키두!"

그는 두 손에 얼굴을 묻고 울먹였다.

"나는 죽음이 두려워졌소. 나도 내 친구처럼 언젠가는 죽어야 할 텐데, 어찌 가만히 있을 수 있었겠소?"

그러자 안에서 빗장이 열렸다.

"일단 들어와요. 흠!"

울어서 맹맹해진 목소리를 헛기침으로 가다듬고 시두리는 말을 이었다.

"당신 같은 사람한테도 술 한잔쯤은 줄 수 있어요. 저기 앉아서 잠시만 기다려요."

길가메시는 열린 문으로 들어가 시두리가 가리킨 창가 자리로 향

했다. 탁자며 의자에 먼지가 수북했다.

시두리가 주방으로 들어간 뒤 왈강달강 그릇 부딪치는 소리가 나고 바닥에 떨어져 팍삭 깨지는 소리도 났다. 한참 만에 그녀는 금방 씻어 물기가 가시지 않은 접시에 빵과 식은 생선 한 마리를 담아서 나왔다. 고작 그걸 준비하느라고 이마에 땀까지 배었는데, 포도주만은 자신 있게 따라 주었다.

하지만 길가메시는 손도 대지 않고, 그녀의 눈만 쏘아보면서 답변을 재촉했다. 시두리는 입술을 깨물며 돌아앉았다.

"당신은 우트나피슈팀을 만날 수 없어요. 우트나피슈팀은 바다 건너에 살고, 인간은 아무도 이 바다를 건너지 못해요. 바다 가운데 죽음의 바다가 있는데, 물 한 방울만 튀어도 인간은 죽어 버려요. 그러니까, 길가메시, 이제 그만둬요!"

시두리는 베일을 끌러 목덜미의 땀을 닦고 무릎을 털었다. 길가메시는 한 손으로 이마를 받치고 고민에 빠져 있었다.

"당신이 할 수 있는 일은 당신에게 주어진 생명을 최대한 즐기고, 정성껏 돌보는 거예요. 맛있는 것으로 배를 채우고, 밤낮으로 춤추고 노래를 불러요! 매일 잔치를 벌여요! 깨끗이 목욕하고 머리를 단장하고 좋은 옷을 입어요! 작은 손으로 당신의 손을 잡는 자식을 사랑스럽게 어르고, 아내를 자꾸 품어 행복을 느끼게 해 줘요!"

시두리는 황금 술통에 포도주를 담그고 또 담그면서 마시러 올 손님을 기다렸다. 그러나 신들은 인간들이 신전에 바치는 술만으로도 취해 이 술집에 올 필요가 없었다. 오랜 세월 동안 집 앞에 파도만 들락거렸다. 담가 놓은 포도주가 창고는 물론 온 집 안과 옷장까지 채우고도 넘쳐 집 뒤꼍에서 파도에 쓸려 갔다. 가끔 들러 세상 소식을 전해 주는 뱃사공이 손님이라면 유일한 손님이었다. 길가메시라는 영웅의 이야기를 해 준 이도 그였다. 오늘 저 멀리서 기다란 형체가 등장했을 때 그녀의 가슴은 두근거렸다. 드디어 손님이 오는구나! 그런데 그가 바로 길가메시일 줄이야!

"바다로 갈 수 없다면, 나는 다시 동굴을 지나 광야로 나가서 육로를 찾아내겠소!"

길가메시가 양 주먹을 부르쥐고 일어나 문으로 걸어갔다. 시두리는 외쳤다.

"우르샤나비! 우트나피슈팀의 뱃사공인 그는 바다를 건너다녀요. 당신을 배에 태워 줄 리는 없지만, 그래도 바닷가의 숲 어귀로 가 봐요. 그쪽에 배를 대 놓으니까. 배를 탈 수 없다면, 돌아서서 고향으로 돌아가요!"

길가메시는 이미 가 버리고 문짝만 끼익댔다.

10
영원히 사는 자

"우선, 만나서 영광이오! 당신의 명성은 익히 들었소."

홀쭉해도 단단해 보이는 우르샤나비는 삿대를 다듬으면서 말했다.

"그리고 실례지만, 듣던 모습이랑 사뭇 다르구려. 하긴 여긴 소식이 워낙 늦어 100년 전쯤 일이 어제 일처럼 전해지기도 한다오. 마지막으로, 내 대답은 '안 된다'요. 내 상전은 엄격한 분이시오. 허락도 없이 당신을 데려갔다간 나는 쫓겨나고 말 거요. 당신이 내 입장이라면 그럴 수 있겠소?"

길가메시는 말없이 돌아서서 바닷가에 묶여 있는 거룻배로 걸어갔다. 그리고 재빨리 도끼를 꺼내 배를 내려치기 시작했다.

"나를 태워 주지 않으면 당신도 못 가오!"

갑자기 머리가 떵하다 싶더니 길가메시는 뒤로 벌렁 나자빠졌다. 보기보다 날렵하고 기운이 센 뱃사공은 서글서글하던 눈매가 매섭게 변했고 손에는 몽둥이가 들려 있었다.

"이젠 당신을 배에 태워 주고 싶어도 그럴 수 없소. 이 신비로운 돌이 있어야 죽음의 바다를 건널 수 있건만, 방금 당신 손으로 부숴 버렸단 말이오! 당신 때문에 나는 망했소!"

뱃사공은 모래밭에 쪼그려 앉아 흩어진 돌조각들을 안타깝게 어루만졌다. 뱃전에 붙어 있다가 부서져 떨어진 돌조각들은 빛깔만은 여전히 영롱했다.

"내가 붙여 보겠소! 새로 만들겠소!"

길가메시는 기어가서 돌조각들을 움켜쥐었다.

"도대체 왜 이러는 거요? 미쳤소?"

뱃사공은 길가메시의 손을 쳐 냈다. 돌조각들은 모래 속으로 흩어져 버렸다.

"난 죽기 싫소! 내 친구의 죽음을 보았단 말이오!"

"친구라면, 엔키두?"

"엔키두를 아오?"

"엔키두가 죽었다고요?"

질문이 뒤엉켜 둘은 잠시 마주 보다가 서로 끌어안았다.

"난 당신보다 그 용사가 더 궁금했다오. 한 번이라도 보고 싶었소!"

뱃사공 우르샤나비는 팔뚝으로 눈물을 훔쳤다.

둘은 머리를 맞대고 수를 짜냈다. 신비로운 돌 대신 긴 삿대로 바닥을 밀어 죽음의 바다를 건너가 보기로 하고, 숲에서 나무를 잘라다 장대를 300개나 만들었다. 장대를 배에 가득 싣고 그들은 출발했다. 거칠고 변덕스러운 파도를 뱃사공은 노련하게 헤쳐 나갔다.

"내 상전은 당신의 조상이라오. 도움이 될지 모르니 알아 두시오."

뱃사공은 길가메시에게 알 수 없는 소리를 했다.

"우트나피슈팀이 내 조상이라고요?"

길가메시는 누구한테도 그런 얘기를 들어 본 적이 없었다.

"살아 있는 인간은 모두 다 그의 후손이니까."

뱃사공은 알 수 없는 소리를 하나 더 하고는 더 이상 물어도 답하지 않고 묵묵히 삿대만 저었다.

"자, 준비하시오!"

뱃사공이 오랜만에 입을 열었을 때, 길가메시는 이미 장대들을 추리고 있었다. 죽음의 바다는 눈으로 보기에도 확연히 구분되었다. 이제까지와 달리 물빛이 역청처럼 검고 파도가 전혀 없었다. 배는 검은 바다로 들어갔다. 속도가 확 줄었다.

"장대를 한번 넣어 보오. 물이 한 방울이라도 튀면 안 되니 조심하시오!"

뱃사공은 배의 방향을 잡으면서 길가메시에게 말했다. 길가메시는 장대 하나를 검은 물속에 넣었다. 끝이 바닥에 닿지 않았다.

"두 번째 장대를 이어 보시오."

길가메시는 시키는 대로 했으나 소용없었다.

"세 번째, 네 번째, 다섯 번째…… 계속 이으시오."

장대를 스무 개나 이어서야 바닥에 닿은 느낌이 왔다. 길가메시는 힘을 주어 장대를 밀어 배를 앞으로 나가게 했다. 하지만 조금만 가도 바닥이 더욱 깊어져 장대를 연달아서 이어야 했다. 검은 바다는 장대를 조용히 삼켰다. ……152번째, 153번째, ……299번째, 300번째!

마지막 장대까지 이었으나 또 바닥이 닿지 않았다. 검은 바다는 티그리스 강폭만큼 남아 있었다. 그만큼만 더 가면 되건만, 배는 한 방울의 물로도 사람을 죽이는 죽음의 바다에 떠서 오도 가도 못했다.

길가메시는 장대를 놓았다. 장대는 검은 물속으로 사라졌다. 그는 배 뒤편을 향해 돌아섰다. 그리고 사자 가죽을 벗어 머리 위로 치켜들고 양팔로 팽팽히 당겼다. 제 벌거벗은 몸뚱이를 돛대로 삼고 사자 가죽을 돛으로 삼아 불어오는 바람을 맞았다. 배가 천천히 앞으로 나갔다.

나무 아래 평상에 한 사람이 팔꿈치를 괴고 비스듬히 누워 있었다. 해안으로 접근하는 배를 주시하는 듯한데, 손 하나 까딱하지 않았다. 뱃사공 우르샤나비의 긴장된 표정으로 보아, 평상에 누워 있는 이가 틀림없이 우트나피슈팀이었다.

배가 뭍에 닿자마자 길가메시는 뛰어내려 물을 첨벙대고 모래밭에 쑥쑥 빠지면서 달려갔다. 우트나피슈팀은 급히 일어나 평상 밑을 더듬었다. 낯선 이의 출현에 무기라도 찾는 듯했다.

"저는 당신의 자손 길가메시입니다!"

길가메시는 외치고 두 손을 올린 채 다가갔다.

"앞을 좀 보고 다니거라! 그렇게 날뛰다가 밟을 뻔하지 않았느냐!"

평상 밑에 들어가 있는 우트나피슈팀의 두 팔 안에는 급히 끌어모은 강아지들이 고물거리고 있었다.

"신비로운 돌은 제가 깨뜨렸으니 뱃사공을 질책하지 말아 주십시오."

길가메시는 두 손을 내리고 헉헉대며 말했다.

"왜 그런 짓을 했느냐?"

우트나피슈팀은 일어나서 뒷짐을 지고 엄하게 물었다. 그는 머리가 거의 벗어진 노인이었다. 헐렁한 윗도리가 벌어져 골 깊은 갈비뼈가 보이고, 아랫도리는 무릎 위로 둘둘 말려 올라가 있었다.

"당신을 꼭 뵙고 영생의 비결을 묻고 싶었습니다."

"영생? 바보는 막 빻은 하얀 밀가루를 줘도 굳이 겨를 집어 먹는다더니, 네가 바로 그렇구나. 왕좌를 버리고 헛된 꿈을 좇아 고생만 하다가 폭삭 늙은 꼴이 되다니!"

"그런데 당신은…… 특별하지가 않습니다. 저와 똑같군요! 너무나 평범합니다. 전 당신이 뭔가 다를 거라고 생각했습니다. 엄청나게 강하든지, 신통력이라도 부리든지 말입니다. 저는 당신과 싸워서라도 답을 얻어 낼 각오였습니다. 그런데 당신은 저와 똑같습니다! 저는 기운이 빠져 버렸습니다."

길가메시는 고개를 저었다. 노인의 발치에서 강아지들이 장난치고 나뭇가지에는 그물과 생선을 말리는 채반이 걸려 있으며, 그 생선을 노리고 물새들이 얼쩡거렸다. 처마에는 대추야자 자루가 매달려 있었다. 오솔길이 나 있는 야트막한 언덕 위에 오두막 한 채. 인간 세상 어디에나 있는 어부의 집이었다.

"내가 네 상대가 되겠느냐?"

노인은 벙긋 웃었다.

"저와 다름없는 당신이 어떻게 영생을 얻으셨습니까?"

"너는 신들이 인간을 왜 창조했다고 생각하느냐?"

노인은 뜬금없는 질문을 했다.

"그거야…… 소나 말을 창조한 것과 같은 이유가 아니겠습니까?"

"아니다. 신들은 자신을 섬기라고 인간을 만들었다. 진흙을 이겨 자신의 모습과 비슷하게 최초의 인간들을 만들고, 그들이 스스로 후손을 퍼뜨리게 했다. 그런 인간에게 신들이 영생을 허락하겠느냐?"

"인간이 진흙으로 만들어졌습니까?"

길가메시는 다리가 풀려 털썩 주저앉았다. 멍한 얼굴로 하늘을 올려다보더니 가슴을 치며 뜨거운 눈물을 쏟았.

"제게 진흙에서 태어나 황무지에서 동물들과 살아온 친구가 있었습니다. 그는 우루크로 와서 사람들과 어울려 살려고 했지만, 저를 비롯한 누구도 그를 진심으로 사람으로 인정해 주지 않았습니다. 저는 이제야 알겠습니다. 엔키두! 진흙에서 태어난 엔키두야말로 사려 깊은 교양인이었고, 우루크의 왕으로 태어난 저는 짐승이었습니다!"

노인은 길가메시의 머리에 손을 얹고 말했다.

"사람은 모두 죽는다. 잠이 든 사람과 죽은 사람은 얼마나 비슷하더냐? 깨어 있다가 잠을 자야 하는 것처럼, 살아 있는 사람은 죽어야 한다. 어떻게 나와 내 아내만은 예외가 되었는지 네게 말해 주겠다."

우트나피슈팀은 이야기를 시작했다.

11
대홍수

 아주 오래된 일이다. 나는 슈루파크라는 도시국가에서 물의 신 엔키를 섬기는 사제였다. 인간이 왕성하게 번식하여 거주지와 농경지를 계속 넓힌 탓에, 마침내 땅이 견디지 못하고 황소처럼 울어 대었다. 신들은 그 울음을 듣고 불안에 떨었다.

 하늘과 땅 사이의 모든 일을 주관하는 엔릴은 사람들의 숫자를 줄이려고 역병의 신을 풀었다. 사람들이 떼로 죽어 갔다. 그러나 나의 주 엔키께서 역병의 신을 물러가게 할 방법을 일러 주시어, 나는 슈루파크 사람들을 구할 수 있었다.

 사람들이 다시 늘어나고 경작지도 늘어, 땅이 또 고통스럽게 울었다. 엔릴은 천둥의 신에게 비를 내리지 못하게 하고, 곡식의 여신에게 가슴을 드러내지 못하게 하여 기근을 일으켰다. 땅의 자궁은 자식을 낳지 않았다. 싹이 돋지 않고, 들판은 소금으로 덮이고, 검은 밭이 하얗게 되었다. 첫해는 사람들이 묵은 곡식을 먹었다. 둘째 해에는 창고가 비어 먹을 것이 없었다. 셋째 해에는 굶주림으로 사람들의 어깨가 좁아지고 다리는 굽었으며, 얼굴이 파랗게 질리고 보리 껍데기처럼 까칠해졌다. 사람들은 길을 가다가도 주저앉아 일어나지 못했다. 하지만 나의 주 엔키께서 천둥의 신이 비를 내리게 하고 곡식의 여신이 가슴을 드러내게 할 방법을 일러 주시어, 나는 또 슈루파크 사람들을 구할 수 있었다.

사람들이 다시 늘어나 도시와 밭을 늘리고 운하를 그물처럼 팠다. 땅이 울부짖었다. 엔릴은 극도로 화가 났고 신들은 지쳤다.

"홍수를 일으켜서 인간들을 아예 쓸어버리자! 땅 위에 사는 생명이 땅을 죽이려 들다니 이는 이치를 거스르는 일이다. 땅이 견디지 못하면 하늘이 견디지 못하고, 세상이 견디지 못한다."

최고의 권력을 행사하는 엔릴이 제안하자 신들은 침통하게 동의했다. 그리고 넌지시 나의 신을 고발했다.

"엔키가 두 번이나 인간들을 멍에서 풀어 주었습니다! 이번에는 그런 일이 없어야 합니다."

신들의 아버지 안은 명령했다.

"인간들에게 우리의 계획을 알리지 않겠다고 누구도 빠짐없이 맹세하라."

아버지의 명령이므로 엔키께서는 맹세하셨다. 그러나 현명하신 나의 주인은 내가 아닌 내 집에 대고 말씀하셨다.

갈대 담, 갈대 담, 벽돌 벽, 벽돌 벽!
오, 슈루파크의 아들아.
집을 허물고 배를 지어라!
재물은 버리고 숨 쉬는 것들을 구하라!
재산은 포기하고 살아 있는 것들을 지켜라!
모든 생명체를 배에 태워라!
배를 짓되 가로와 세로가 똑같게
벽의 높이와 폭도 똑같게
지붕을 완전히 덮어라!

나는 그 말씀을 이해했다. 이번에는 슈루파크의 사람들을 구할 수 없었다. 나는 어쩔 수 없이 사람들에게 거짓말을 했다.

"엔릴께서 나를 물리치시니 나는 더 이상 땅에 발을 디딜 수 없습니다. 나는 내 주인 엔키의 영역인 바다 저 밑으로 내려가서 엔키만을 모시고 살기로 했습니다. 나를 도우면 엔키께서 당신들에게 풍요를 내려 주시리니, 새와 물고기가 셀 수 없이 많이 잡히고 가을이삭은 불어나 부자가 될 것입니다."

　날이 밝자마자 사람들이 몰려들었다. 목수는 도끼를 들고 오고 갈대꾼들은 갈대를 평평하게 누르는 돌을 들고 왔다. 아이들과 가난뱅이들까지 뭐라도 필요한 것을 들고 왔다. 그로부터 닷새째 되는 날, 배의 윤곽이 드러났다. 나는 갑판을 여섯 개 두어 배를 7층으로 만들고, 내부를 아홉 개의 구역으로 나누었다. 가마솥에 역청을 끓여 판자 틈새를 메우고, 판자에는 기름을 먹였다. 소와 양을 잡아 일꾼들의 배를 불리며, 맥주와 포도주를 강물처럼 아낌없이 주었다. 그들은 신년 축제 때처럼 흥청댔다.

　나는 동물들을 골고루 배에 싣고, 일가친척과 배를 몰 선원들과 도시의 장인들도 태웠다. 태양의 신 우투의 말소리가 하늘에서 울렸다.

　"아침에 빵 덩어리가, 저녁에 밀이 쏟아져 내리면 배 안으로 들어가 문을 봉하라!"

바로 그런 날이 왔다. 아침에 빵 덩어리가, 저녁에 밀이 쏟아졌다. 나는 배의 문을 봉하고 선원들에게 항해를 맡겼다. 다음 날 동이 트자 지평선에서 검은 구름이 치솟았다. 천둥의 신이 구름 속에서 으르렁대고, 그의 전령들이 산과 들을 향해 외치며 앞서 달려왔다. 저승의 신이 물꼬를 텄으며, 전쟁의 신은 성큼 나서 제방을 넘치게 했다. 50명의 큰 신들이 단체로 치켜든 횃불에서는 그을음이 피어올랐다.

하늘이 기절한 것처럼 소리와 움직임이 일시에 멈추더니, 빛이 어둠으로 변했다. 땅이 단지처럼 깨졌다. 온종일 바람이 비를 몰고 왔다. 비는 점점 거세져 산들을 물속에 가라앉히고, 사람들을 쓸어버렸다. 그들은 격류 속에서 가족도 친구도 알아보지 못했다.

신들도 겁에 질려 물러나 하늘로 올라갔다. 그리고 안의 신전 벽에 붙어 꼬리를 감춘 개처럼 웅크렸다. 달콤한 목소리의 이난나가 찢어지게 비명을 질렀다. 위대한 탄생의 여신은 통곡했다.

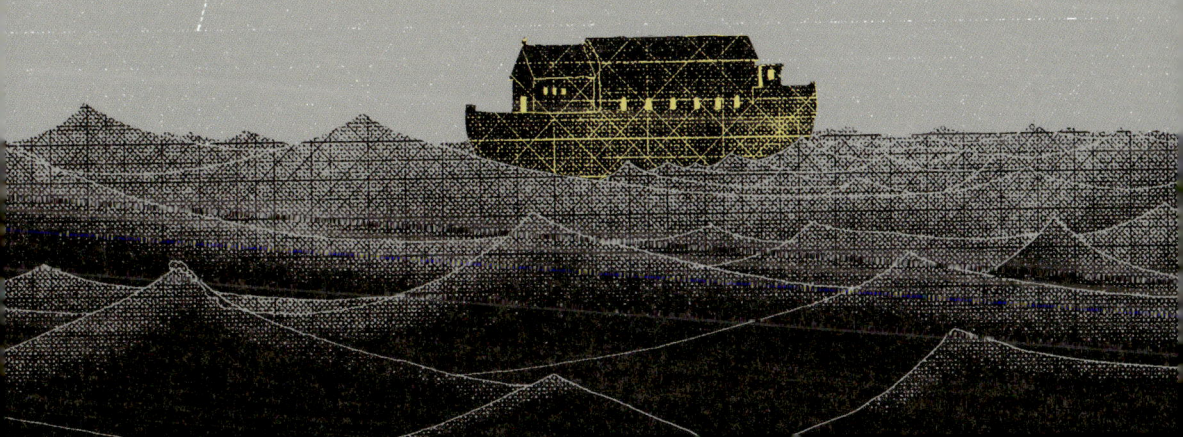

아, 옛 시절이 진흙이 되어 버렸네!
내 어찌 사람들을 멸하는 악한 일에 동의하였던고!
이들을 낳은 것이 나요, 이들은 내 아이들인데!
이제 내 아이들이 물고기처럼 바다를 채우는구나!

신들은 초라하게 앉아서 울고 훌쩍거렸다. 갈증으로 입이 타고 입술이 부르텄다. 이레 밤과 엿새 낮 동안 바람이 불고 물결은 서로 엎치락뒤치락하고, 폭풍이 세상을 납작하게 다졌다.

이레째 되는 날, 바다가 잔잔해졌다. 회오리바람과 폭우가 멈추었다. 온종일 귀를 기울였으나 조용했다. 배의 통풍창을 열자 신선한 공기와 햇살이 내 뺨에 떨어졌다. 나는 무릎을 꿇었다가 주저앉았다. 모든 인간이 진흙이 되어 버렸다! 눈물이 쏟아졌다.

나는 뭍을 찾으려고 주위를 둘러보았다. 멀리 산꼭대기가 하나 보였다. 곧 배는 산에 단단히 걸렸다. 산꼭대기에서 꼬박 이레를 지내고 나는 비둘기를 날려 보냈다. 내려앉을 데가 없으므로 비둘기는 되돌아왔다. 다음에는 제비를 날려 보냈다. 제비도 되돌아왔다. 그다음에는 까마귀를 날려 보냈다. 까마귀는 물이 빠진 곳을 찾아내어 돌아오지 않았다.

비로소 나는 배에 있던 모든 동물을 사방으로 내보내고 양을 잡아 신들께 제물로 바쳤다. 산꼭대기를 신전으로 삼아 그 앞에 향을 올렸다. 일곱 개의 제기를 차리고도 일곱 개를 더 차렸으며, 대와 삼나무와 은매화나무를 쌓았다. 신들은 감미로운 향내를 맡고는 파리 떼처럼 모여들었다.

엔릴이 와서 배를 보고는 격노하여 신들에게 물었다.

"왜 인간이 살아남았는가? 누구도 소멸에서 빠져나가지 못해야 했거늘!"

신들은 주눅이 들어 실토했다.

"엔키 말고 누가 이런 꾀를 냈겠습니까?"

엔키가 엔릴에게 말했다.

"당신은 신들 중의 현자입니다. 그런데 어찌 분별없이 홍수를 불러왔습니까? 죄는 죄인에게 묻고, 범죄는 범인에게 감당하게 하십시오. 하지만 죄 없는 생명들까지 몰살시켜 버리지는 마십시오."

엔릴은 엔키를 노려보다가 눈을 돌려 사방을 둘러보았다. 배에 실렸던 덕분에 죽지 않은 생명들이 하늘과 땅에서 날고, 기고, 뛰고 있었다. 엔릴의 얼굴에 미소가 서서히 떠올랐다. 그는 친히 배 안으로 들어와 내 손을 잡았다. 내 아내의 손도 잡고 배의 지붕으로 데리고 올라가, 우리를 나란히 꿇어앉혔다. 그는 우리 둘 사이에 서서 우리 이마에 양손을 얹고 축복했다.

대홍수

"지금까지 우트나피슈팀은 인간이었다. 그러나 이제 그와 그의 아내는 신들처럼 될지니!"

신들은 나와 내 아내가 다른 인간들과 섞이지 않도록 여기 데려다 놓았다.

12
길가메시, 늙은이가 젊은이 되다

"알겠느냐? 나는 신들이 세상을 운용하시는 지극히 큰일에 끼여 어쩌다 영생을 얻었을 뿐이다. 신들에게 인간이란 이 세상의 아주 작은 부분에 불과하다. 그런데 그 많은 신들이 한 인간에게 영생을 주려고 다시 모이겠느냐?"

우트나피슈팀은 물었다. 길가메시는 답하지 못했다. 낯빛은 창백하고 표정은 일그러지고 부릅뜬 눈은 충혈되어 있었다.

"나는 닭장이나 둘러봐야겠다."

노인은 자리를 뜨려 했다.

"정 다른 방법이, 신들이 다 모여서 제게 영생을 허락해 주시는 것 말고, 다른 수가 없겠습니까?"

길가메시는 쥐어짜듯이 웅얼거렸다. 옛사람들이 당한 재앙에 가슴이 아프면서도 제 목적을 생각하면 골이 휑하고 울분이 솟구쳐 머리 꼭대기를 쿵쿵 때렸다.

"그런 방법이 있을 리가 있겠느냐? 혹시 있다면 네가 생각해 내 보거라. 이레 동안의 시간을 주겠다. 자지도 말고 그 안에 그 방법을 찾아내라."

"반드시 찾아내겠습니다!"

노인이 닭장에 가서 바구니에 달걀을 담아서 와 보니 길가메시는 모래밭에 곯아떨어져 있었다. 멀고 험난한 길을 쉴 틈도 없이 달려온 그는, 더 이상 갈 데가 없는 막다른 곳에 이르자 수렁 같은 잠에 빠지고 말았다.

"할멈, 이걸 좀 보시오. 영원히 살고 싶다는 젊은이가 잠시도 못 견디고 잠들고 말았구려."

채반의 생선을 뒤적이러 나온 아내에게 노인은 말했다.

"쯔쯧, 이 사람이 젊다고 누가 믿겠우? 깨워서 왔던 데로 돌려보내 주우."

"인간이 어떤지 잊었소? 지금 깨우면 분명 딴소리를 할 거요. 그가 자는 동안 당신이 날마다 빵을 머리맡에 놓고, 벽에도 금을 그어 날짜를 표시해 두오."

노파는 빵을 구울 때 길가메시의 몫도 구워 그의 머리맡에 놓고, 날마다 벽에 금을 하나씩 그었다. 이레째가 되자 노인은 그를 흔들어 깨웠다.

"하마터면 깜빡 잠들 뻔했습니다."

길가메시는 벌떡 일어나 멀쩡한 얼굴로 마치 잠든 적이 없는 것처럼 굴었다.

"여기 네게 주려고 하루에 하나씩 만든 빵이 있으니 헤아려 보고, 벽에 하루에 한 개씩 그어 놓은 선도 세어 보거라."

"하루에 한 개씩이라니요?"

길가메시가 만져 보니 맨 가장자리의 빵은 말라비틀어졌고, 그다음 빵은 굳어서 가죽 같고, 세 번째는 그보다는 덜 굳었고, 네 번째는 곰팡이로 뒤덮여 하얗게 색이 변했고, 다섯 번째는 회색 곰팡이가 막 피어나고 있으며, 여섯 번째는 먹을 만하나 하루쯤 묵은 빵이었다. 빵은 여섯 개였다.

"죽음이 이 육신을 틀어쥐었구나!"

길가메시는 빵을 떨어뜨리고 탄식했다.

"이레 동안 너는 내내 잤고, 오늘의 빵은 지금 화덕에서 구워지고 있다."

"아, 전 어찌해야 합니까! 우트나피슈팀이시여, 이제 저는 어디로 가야 합니까! 어디에 가나 죽음이 먼저 와 있고, 어디에 사나 죽음도 거기 살고 있을 텐데!"

길가메시는 두 손으로 얼굴을 가리고 모래밭으로 고꾸라졌다.

"우선 샘에 가서 몸을 씻고, 깨끗한 옷을 줄 터이니 갈아입거라. 네가 잠들어 있는 동안 이레나 흘러가는 줄 모르지 않았느냐? 영생도 그와 같다. 한 달이 하루 같고, 100년이 10년 같으니 잠자는 것이나 마찬가지다. 시간의 흐름이 확연히 느껴지는 것이 진정 사는 것이거늘! 가서 한시를 아껴 살거라."

우트나피슈팀은 등 뒤로 손짓하여 며칠째 주인의 눈치를 보면서 맴도는 뱃사공 우르샤나비를 불렀다.

"네가 데리고 온 이자를 데리고 바다 건너로 사라져라. 네가 마지막 항해를 마치고 나면 바다와 거룻배는 규칙을 어긴 너를 더 이상 받아들이지 않을 것이다."

"알겠나이다."

뱃사공은 공손히 절하고 물러섰다. 돌아서는 뱃사공의 다리가 휘청거렸다.

"영감은 너무 팍팍하우!"

길가메시와 우르샤나비를 태우고 떠나는 배를 배웅하다가 우트나피슈팀의 아내는 남편의 옆구리를 찔렀다.

"나는 저 뱃사공이 마음에 들었단 말이우. 착실한 사람인데 실수 한번 했다고 이럴 수 있우?"

"절제를 모르던 인간들에게 어떤 일이 있었는지, 할멈도 두 눈으로 보지 않았소?"

"맨날 그 소리! 사람이 어떻게 참고만 사우? 저 젊은이도 그렇지 여기까지 오느라고 진을 다 빼서 겉늙어 버렸는데, 빈손으로 돌아가게 하다니! 도울 방도를 모르는 것도 아니면서."

노부부는 놀라서 말을 멈추었다. 떠난 배가 되밀려 오고 있었다. 배 위에서 뱃사공은 영문을 몰라 절절매고, 길가메시가 기를 쓰고 삿대를 반대로 밀어 배를 도로 해안에 댔다.

"제발 빈손으로 돌아가게 하지 마소서!"

용케도 노파의 말소리를 늘은 길가메시는 울부짖었다. 노인의 마지막 배려로 묵은 때를 벗기고 새 옷을 차려입어 모습은 번듯하였으나, 그 얼굴은 여전히 배고픈 짐승이었다. 우트나피슈팀은 표정이 싸늘하게 굳어 버렸다.

"강물이 흘러드는 바다 저 밑에 가시 돋친 풀이 있으니, 네가 거기까지 닿을 수 있고 그 풀을 찾을 수 있다면 뽑아라. 그걸 먹으면 젊은 모습을 회복할 것이다. 그리고 다시는 내 앞에 꼴을 보이지 마라!"

우트나피슈팀은 인연을 끊는다는 표시로 두 손바닥을 마주 스쳐

털고는 돌아섰다.

길가메시는 발목에 큼직한 돌덩이들을 매달았다. 강어귀의 수문을 부수고 한꺼번에 바다로 쏟아져 내리는 강물에 뛰어들어, 그 물살을 타고 깊이 내려갔다. 가시 돋친 풀이 강한 물살에 휩쓸려 가기 전에 찾아야만 했다. 단 한 번의 기회였다.

빛이 차차 약해지고 고통은 점차 강해졌다. 깊게 들이켰던 숨이 뽀글거리며 빠져나간 뒤로는 어둠과 몸을 쥐어짜는 고통만 남았다.

'죽음의 고통이 이에 비할까?'

이를 끝으로 생각마저 그쳤다.

길가메시는 뼈에 새겨진 영생의 욕망으로 견뎠고, 손을 갈퀴처럼 벌려 바닥을 긁었고, 마침내 날카로운 가시가 손에 잡히자마자 한껏 움켜쥐었다. 길가메시는 발목에 단 돌덩이의 밧줄을 끊었다. 수면 위로 떠오른 그는 피가 흐르는 손을 치켜들고 외쳤다.

"나는 늙지 않는다! 죽음아, 너는 나를 오래 기다려야 할 것이다!"

근처에서 기다리던 뱃사공이 배를 저어 와서 그를 끌어 올렸다.

"그렇지 않소, 우르샤나비?"

그는 헐떡거리면서도 끊임없이 떠들어 댔다.

"그렇소."

얼굴에 짙은 그늘이 드리운 뱃사공은 애써 웃어 주었다.

"나는 이 풀을 우루크로 가져가서 나이 많은 노인에게 시험 삼아 먹여 볼 거요. 우트나피슈팀이 얘기한 풀이 이것임이 확실해지면 내가 먹고 도로 젊어질 거요!"

"그렇게 하시오."

"이 풀의 이름을 '늙은이가 젊은이 되다'로 짓겠소! 어떻소, 우르샤나비?"

수메르 말로 늙은이는 '길가', 젊은이는 '메시'였다. 길가메시는 젊음을 되찾아 주는 풀에 제 이름을 붙인 것이었다.

"좋은 것 같소."

"걱정 마시오! 당신이 나 때문에 쫓겨났으니 내 당연히 당신을 책임져야 하오. 세상에서 가장 크고 번화한 도시 우루크에서 당신은 부족함 없이 살게 될 거요! 우트나피슈팀의 오두막 따위는 잊어버리시오! 어떻소?"

"좋을 듯하오."

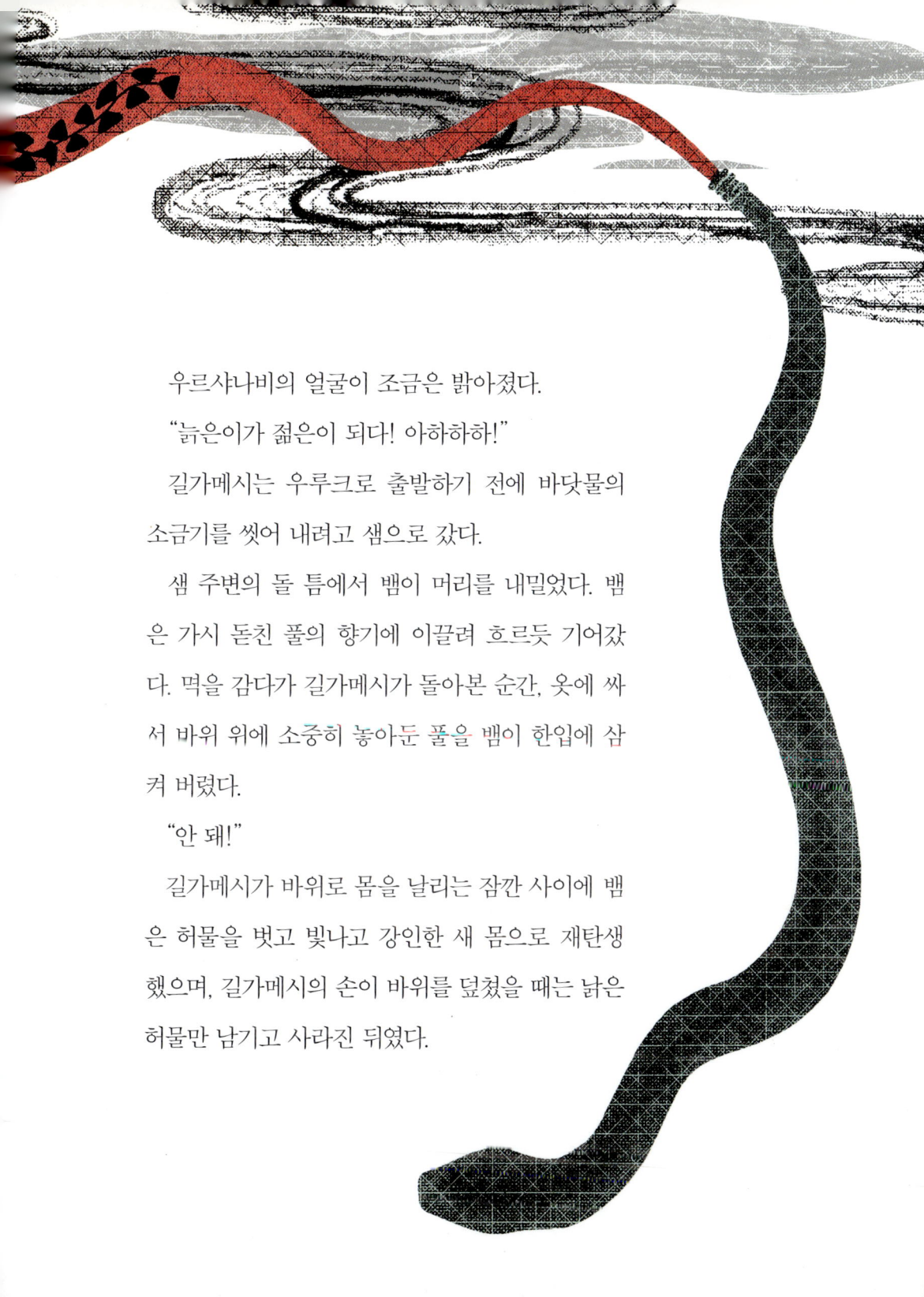

우르샤나비의 얼굴이 조금은 밝아졌다.
"늙은이가 젊은이 되다! 아하하하!"
길가메시는 우루크로 출발하기 전에 바닷물의 소금기를 씻어 내려고 샘으로 갔다.

샘 주변의 돌 틈에서 뱀이 머리를 내밀었다. 뱀은 가시 돋친 풀의 향기에 이끌려 흐르듯 기어갔다. 멱을 감다가 길가메시가 돌아본 순간, 옷에 싸서 바위 위에 소중히 놓아둔 풀을 뱀이 한입에 삼켜 버렸다.

"안 돼!"

길가메시가 바위로 몸을 날리는 잠깐 사이에 뱀은 허물을 벗고 빛나고 강인한 새 몸으로 재탄생했으며, 길가메시의 손이 바위를 덮쳤을 때는 낡은 허물만 남기고 사라진 뒤였다.

언덕 위에 두 남자가 나타났다. 한쪽은 부축을 받으면서도 숨을 몰아쉬는 완연한 병자였다. 동료는 그가 잠시 쉬도록 바닥에 앉히고 가죽 부대를 기울여 물을 주었다. 그리고 손으로 이마에 차양을 만들어 주변을 살펴보았다. 멀리 기이한 지형이 보였다. 산처럼 높지만 산치고는 너무 가지런했다.

"오! 저건 산은 아닌데! 하지만 산이 아닌 것이 저렇게 높을 수가 있나? 신들이 만든 게 틀림없어!"

옆에서 병자가 퀭한 눈을 끔벅이다가 말했다.

"저게 우루크의 성벽이오."

병자는 길가메시고, 동료는 뱃사공 우르샤나비였다. 길가메시가 시름에 겨워 병이 깊은 탓에 여기까지 오는 내내 우르샤나비가 혼자 짐을 지고, 벌집에서 꿀을 따 끼니를 마련하고, 바위틈에서 흘러내리는 물을 받고, 밤에는 모닥불을 피워야 했다.

"사람이 저런 걸 만들었다고? 신이시여!"

우르샤나비는 하늘을 우러러보았다.

길가메시의 귀에는 성벽 위에 하얗게 올라 엔키두와 자신을 축원하던 사람들의 함성이 쟁쟁했다.

당신들의 입으로 말한 모든 것이 이루어짐을

당신들의 눈이 볼 수 있기를!
돌아와 이 성문으로 들어오기를!

참으로 긴 여행이었다. 불멸의 이름만이라도 얻으려고 엔키두와 함께 떠났으나 엔키두를 잃었고, 자신은 육신의 영생을 찾아헤매다 끝내 지치고 병든 몸으로 돌아왔다. 차오르는 눈물 탓에 우루크의 성벽이 일렁여 보였다.

"그런데 왜 저렇게 높게 만든 거요?"

우르샤나비가 물었다. 길가메시는 얼른 눈물을 훔쳤다.

"끊임없이 침략자들이 몰려오기 때문이오."

"그 침략자들은 괴물이오? 마귀?"

"괴물? 마귀? 가장 무서운 건 사람이오!"

길가메시는 힘없이 웃었다. 우르샤나비는 굳게 입을 다물었으나 궁금증을 못 이겨 곧 다시 물었다.

"그럼, 저 높다란 벽 안에서 사람들은 뭘 하고 있소?"

그의 눈에는 기대와 두려움이 번갈아 어렸다. 엔키두가 샴하트의 손에 이끌려 우루크 성문을 들어섰을 때, 설렘과 당혹스러움이 엇갈려 그의 심장도 쿵쿵 뛰었을 것이다.

"직접 가서 보시오. 다 보려면 시간이 꽤 걸릴 게요!"

13
끝나지 않는 도전

길가메시는 대홍수 이후 잊혀졌던 의례를 복구하고, 절차와 법도를 마련하여 혼란과 다툼을 줄였다. 도시에 목재와 대추야자를 대 줄 숲을 성벽 바깥에 조성했으며, 그 너머로는 점토 채굴장을 만들어 벽돌을 구울 재료를 안정적으로 확보했다. 농경지의 수로와 시가지의 운하 또한 재정비했다. 우루크는 더욱 체계적인 나라가 되었다.

인류 최초의 문명인 메소포타미아 문명은 바로 여기에서 시작되었다. 유프라테스 강과 티그리스 강 사이에서 우루크를 비롯한 여러 도시국가들이 싹텄다. 길가메시가 왕으로 통치할 당시 우루크는 이들 가운데 가장 강한 나라였으니, 곧 세계에서 최강국이었다.

"읽어라! 왕이 고생 끝에 얻은 지혜를!"

필경사들은 점토판에 새겼다.

"들어라! 세상의 끝까지 갔던 얘기를!"

궁정의 시인들은 노래했다.

"보아라! 하늘의 황소와 싸우는 엔키두를!"

성벽에 부조를 새기는 장인들은 외쳤다.

길가메시와 엔키두의 이야기가 기록된 점토판은 도서관으로, 학교로, 시장으로, 찻집과 술집, 여인들의 안방으로 퍼져 나갔다. 우루크의 모든 사람이 이야기 속에서 두 용사가 웃을 때 함께 웃고, 두 용사가 울 때 함께 울었다.

"오오! 성스러운 티그리스 강이여 애도하라, 강둑을 거닐던 이를! 아아! 정결한 유프라테스 강이여 애도하라, 가죽 부대에서 물을 따라 바치던 이를!"

술집에서 이야기꾼이 두 손을 들고 엔키두를 애도하면 여기저기서 훌쩍이는 소리가 나고, 누군가 내는 술이 그에게 줄줄이 배달되었다.

"후와와가 불쌍하잖아요!"

아낙네들의 안방에서는 은밀한 토론이 벌어지기도 했다.

점토판은 이렇게 시작되었다.

그는 모든 것을 보았다.

세상의 가장 깊은 곳을 그는 보았다.

영원한 생명을 찾아 땅끝에 이르렀고,

대양을 건너 태양이 뜨는 곳까지 갔던 이가 그다!

대홍수의 가르침을 우리에게 전해 준 이가 바로 그다!

그는 모든 비밀을 풀고, 모든 봉인을 열고, 모든 지혜를 얻었다.

멈추지 않는 의문으로 가슴이 들끓었던 자!

길가메시는 많은 아내를 두어 많은 자식을 얻었다. 그런데 자식들이 겨우 그의 무릎을 타고 오를 즈음, 병으로 쓰러졌다. 일곱 산맥을 뛰어넘던 그가 일어나지 못했다. 유창한 언변을 쏟아 내던 그의 입이 열리지 않았다. 그의 몸은 땀방울을 내뿜으면서 버터처럼 녹아내렸다. 머리맡에서 죽음의 천사가 속삭였다.

인간에게 가장 어두운 날이 네게 온다.

가장 외로운 곳이 너를 기다린다.

버틸 수 없는 물살이 밀려온다.

맞설 수 없는 싸움이 다가온다.

먹지도 마시지도 못하고 길가메시는 신음했다. 그물에 걸린 물고기처럼 몸부림치고, 함정에 빠진 영양처럼 헐떡거렸다. 창밖에서는 그의 무덤을 짓는 망치 소리가 요란했다.

손등에 닿는 축축한 느낌에 길가메시는 눈을 떴다. 침대 바깥으로 처진 손을 개가 핥고 있었다.
"여봐라, 침실에 웬 개냐?"
그가 물었으나 시종의 답이 없었다. 늘 침대를 몇 겹으로 둘러싸고 흐느끼던 처자식과 신하들도 없고, 오랜만에 조용했다. 그는 잠시 생각하다가 개에게 말을 걸었다.
"엔키두가 보냈느냐?"
"컹!"
개는 반갑게 짖으며 한 바퀴 돌고는 꼬리를 흔들었다. 길가메시는 일어나려 했으나 가슴에 못이 박혀 움직일 수 없었다. 그는 손으로 더듬어 심장에 박혀 있는 못을 뽑았다. 못은 용광로에서 꺼낸 듯 투명하도록 달아올라 있었다. 죽음을 향한 분노의 못이었다. 그는 그 못을 이리저리 돌리며 살펴보고는 던져 버렸다. 그리고 윗몸을 일으켜서 머리를 흔들고, 발로 침상 밑을 더듬어 신발을 찾아 신었다. 신나게 달려가는 개를 따라 그는 걸어 나갔다. 길가메시는 가야 할 길을 가지 않은 적이 한 번도 없었다.

『길가메시』에 대하여

최초의 영웅 길가메시,
인류와 함께 영원히

　기원전 4000년대에 유프라테스 강과 티그리스 강 사이에서 메소포타미아 문명이 싹텄다. 메소포타미아는 '두 강 사이의 땅'이라는 뜻이다. 메소포타미아 문명은 가장 오래된 문명으로 알려져 있으며, 여기에서도 문명이 먼저 시작된 곳은 남부 수메르였다. 길가메시는 이 수메르의 영웅이었다.

　행정과 거래가 인간의 기억력만으로는 감당할 수 없을 만큼 복잡해지자, 기원전 3000년대에 쐐기문자가 발명되었다. 실용적인 목적이 아닌 정서의 표현으로서의 문자 기록은 기원전 2600년대부터 나타나고, 수메르 문명의 르네상스였던 기원전 2000년대에 이르러 등장인물과 줄거리를 갖춘 이야기들이 왕성하게 창작된다. 현재까지 발굴된 바로는 이 중에 길가메시가 주인공으로 나오는 이야기가 다섯 편 있는데, 학자에 따라서는 그 창작 시기를 기원전 2500년대까지 올려 잡기도 한다.

하나의 주제로 정리된 '길가메시 서사시'는 기원전 1900~1500년 고(古)바빌로니아 시기에 완결되었다. 오늘날 해석의 원문이 되는 이른바 '표준판'은 기원전 1200~1000년 사이에 다시 편집된 것이다. 이 최종 판본조차 호메로스의 『일리아스』 『오디세이아』(기원전 800~700년), 성경의 창세기(기원전 900~400년)보다 수백 년을 앞선다.

길가메시는 기원전 2700년대에 수메르의 도시국가 우루크를 다스리던 왕이었다고 한다. 그러나 서사시에는 그 전후에 구전으로 전해지던 많은 이야기와 다른 왕들의 일화가 짜깁기되어 있을 것이다. 흥미롭게도 2003년에 길가메시의 왕릉으로 추정되는 유적이 발견되었다는 보도(BBC, 2003년 4월)가 있었다. 독일 탐사대가 고대에 유프라테스 강이 흘렀던 지역을 최신 기술로 투시해 보았더니, 땅속 깊이 길가메시의 무덤으로 보이는 건축물이 있더라는 것이었다. 설사 그 유적이 길가메시의 왕릉으로 판명된다 해도, 곧 길가메시와 관련된 이야기의 일부 내용이 사실로 밝혀진다 할지라도, 이 서사시가 그대로 역사가 되는 것은 아니다. '길가메시 서사시'는 실재 인물이나 사건들을 요소로 삼아 지어낸 상상의 이야기이다. 인간이 나고 죽는 의미를 상상의 지형에 그려 낸 창작물인 것이다.

이 서사시에는 신들이 많이 등장하고 신에게 기도하거나 예배하는 장면도 자주 나온다. 그럼에도 우리는 그 신들보다는 길가메시와 엔키두에게 끌리고, 특히 길가메시의 인간적인 고뇌에 마음이 간다. 3분의 2가 신이라는 사실은 수메르 신들과 쌍둥이 산을 지키는 전갈 괴물들에게는 중요했겠지만, 현대인인 우리에게는 하나의 장식으로 보일 뿐이다. 쐐기문자 해독의 권위자이며 '길가메시 서사시'의 영역본을 출간한 앤드루 조지에 따르면, 고대

인에게도 이 서사시는 신에 대한 것이 아니라 인간의 삶에 대한 이야기였다.

"이 서사시는 세상의 기원을 설명하려고 하지 않는다. 그보다는 인간으로서 처한 상황을 있는 그대로 살피는 데 몰두한다. 이런 점에서 보자면 이것은 신화가 아니다. 분명히 여러 신화를 포함하고 있지만, 그 신화들은 부수적이다. 이것은 신화의 부분들을 한데 모은 것 이상이다. 예컨대 오비디우스의 『변신 이야기』와 다르다. 그럼 이 서사시는 뭐란 말인가? '고대 휴머니즘의 기록'이다."

우리에게는 길가메시 서사시가 무엇인가? 무엇보다도 문학이다. 4천 년을 뛰어넘어 현대의 작품이라 쳐도 대단히 매력적인 이 작품은 끊임없이 재해석되었다. 작품의 의미에 대한 다양한 견해를 간략히 훑어보면,

— 엔키두로 대표되는 자연과 길가메시로 대표되는 문명 간의 대비가 주제이다.

— 죽음도 지울 수 없는 길가메시와 엔키두의 고귀하고 이상적인 우정이 작품의 초점이다.

— 인간이 순진하고 무모한 청소년기를 벗어나, 확실하지는 않지만 보다 실제적인 가치들을 아는 어른으로 성숙해 가는 과정을 그린 것이다.

— 내면의 지혜를 깨달아 가는 이야기이다. 강조점이 추구의 대상으로부터 추구하는 노력 자체로, 추구하는 행위의 바탕이 되는 전제로, 그리고 추구하는 사람 자신으로 옮겨 간다.

— 죽음에 대한 사색이다.

— 성공이 아니라 실패를 통해 삶의 의미를 알게 된다는 이야기이다.

이제 이 책을 읽은 어린이들이 생각해 볼 차례이다.

고대 수메르 문학과 그 뒤를 이은 바빌로니아 문학은 문명의 몰락으로 2천 년 넘게 사막에 묻혀 있다가, 19세기 말에 쐐기문자가 해독됨으로써 인류에게 되돌아왔다. 그런데 이 귀환으로 뜨거운 논쟁이 벌어졌다. 유대교 경전인 토라와 기독교 성경의 첫 번째 장인 창세기에 나오는 인간 창조, 노아의 홍수, 에덴동산 등이 그보다 한참 앞선 바빌로니아 문헌에 이미 실려 있는 내용이라는 측과, 성경의 고유함을 믿는 측이 격돌했다. 이 논쟁을 '바이블(Bible, 성경)과 바벨(Babel, 고대 바빌로니아의 중심 도시 바빌론)의 전쟁'이라고 한다.

마침내 최근 2003년에 길가메시 서사시 영어 번역본 개정판을 출간하면서 앤드루 조지는 이렇게 결론을 지었다.

"창세기의 홍수 신화가 메소포타미아 이야기에서 유래되었음은 거의 의심할 여지가 없다."

우트나피슈팀의 홍수 이야기를 담은 길가메시 서사시 점토판은 근동 전역에 퍼지고 멀리 이집트까지 전해졌다. 그리고 이 지역에는 우트나피슈팀의 홍수 이야기 이전에도 고(古)바빌로니아의 아트라하시스의 홍수 이야기, 또 그 이전 수메르의 지우수드라의 홍수 이야기가 있었다. 지우수드라→아트라하시스→우트나피슈팀으로 주인공의 이름만 바뀔 뿐 줄거리는 대개 같고, 노아의 홍수 이야기도 마찬가지다. 그리고 지우수드라, 아트라하시스의 홍수 이야기는 노아의 홍수 이야기를 1천 년 앞선다.

홍수 이야기 말고도 성경에는 이 서사시의 흔적이 곳곳에 남아 있다.

"두 사람이 함께하면 죽지 않는다. 매여 있는 배는 가라앉지 않고, 세 가닥으로 꼰 밧줄은 아무도 끊지 못한다."(길가메시 서사시: 후와와에게 가지 않겠다는 엔키두를 달래는 길가메시의 대사)

"두 사람이 함께 누우면 따뜻하거니와 한 사람이면 어찌 따뜻하랴. 한 사람이면 패하겠거니와 두 사람이면 능히 당하나니 삼 겹 줄은 쉽게 끊어지지 아니하느니라."(성경: 전도서 4장 11-12절)

"네가 바라는 영생은 찾을 수 없다. 신들이 인간을 창조할 때, 죽음은 인간에게 주고 삶은 자기들이 가졌다. 그러니 너, 길가메시, 배를 채워라. 밤이고 낮이고 즐기고, 날마다 기쁘게 지내라. 밤낮으로 춤추고 놀라. 옷을 깨끗하게 입고, 머리를 감고, 목욕을 하라. 네 손을 잡는 어린애를 바라보고, 아내를 거듭 끌어안아 즐겁게 해 주라."(길가메시 서사시: 시두리의 충고)

"너는 가서 기쁨으로 네 식물을 먹고 즐거운 마음으로 네 포도주를 마실지어다. 이는 하나님이 너의 하는 일을 벌써 기쁘게 받으셨음이니라. 네 의복을 항상 희게 하며 네 머리에 향 기름을 그치지 않게 할지니라. 네 헛된 평생의 모든 날 곧 하나님이 해 아래서 네게 주신 모든 헛된 날에 사랑하는 아내와 함께 즐겁게 살지어다."(성경: 전도서 9장 7-9절)

『역사는 수메르에서 시작되었다』의 저자 새뮤얼 노아 크레이머는 수메르인들이 인류 최초로 만들어 낸 것으로 문자, 바퀴, 달력, 수학, 조세체계, 학교, 양원제, 의학서, 농업서, 창조론과 우주론 등 서른아홉 가지를 든다. 수메르에서 시작된 메소포타미아 문명은 이집트 문명에 지대한 영향을 끼쳤으며 후대 그리스, 로마 문명의 토대가 되었다.

　수메르의 영웅 길가메시가 다스리던 도시국가 우루크는 오늘날의 이라크에 있었다. '이라크'라는 나라 이름은 '우루크'에서 따온 것이다. 2003년에 이라크를 침공하면서 미국의 집권자들은 이 전쟁이 사담 후세인의 독재로부터 이라크 민중을 해방시키기 위한 '성전'이며 '십자군 전쟁'이라 했다. 그러나 같은 해 5월 미국이 승전을 선포한 후로도 현재까지, 10년이 넘도록 이라크는 극심한 혼란과 내전에 빠져 있다. 미국이 찾겠다고 공언한 대량 살상 무기가 이라크에는 없었음에도 전기, 상하수도, 도로, 학교, 병원 등 사회기간시설이 미군의 폭격에 파괴되었다. 수메르와 바빌로니아의 유물이 간직된 박물관과 유적들도 무참히 훼손되었다. 이 모두는 독재자 사담 후세인의 것이 아니었다. 미국이 해방시키겠다던 이라크 민중의 것이었다.

　길가메시가 바라던 대로 불멸의 영생을 얻어 오늘날까지 살아 있다면, 아마도 후회하지 않을까? 인류 문명의 요람인 수메르의 현재 참상은 우리로 하여금 역사의 의미를 고민하게 만든다.

　수메르 인들이 인류 최초로 창안한 많은 것 중에는 시간이 있다. 인간이 있기 전부터 해는 떴다 지고 사계절이 바뀌었으나, 수메르 인들은 처음으로 1년을 열두 달, 하루는 스물네 시간, 한 시간은 60분이라는 단위를 만들어서 시간을 측정했다. 그로부터 시간은 일정한 속도와 간격으로 앞으로 진행하여, 한번 지나가면 돌아오지 않았다.

　그 시간에 맞서 싸웠던 최초의 인물이 길가메시이다. 그는 흘러가는 시간을 이기고 불멸하려 했으나 실패했다. 그런데 역설적으로 그 실패로 그는 불멸하게 된다. 수천 년 뒤의 우리가 읽고 있는 것이 그의 실패담이다. 길가메시는 죽을 수밖에 없는 삶을 받아들임으로써 죽지 않았다. 그리고 인류가 존속하는 한 죽지 않을 것이다.

시간의 흐름은 인간에게 죽음을 뜻하지만, 반대로 삶을 뜻하기도 한다. 인간만이 시간을 의식할 수 있으며, 그래서 인간답게 살 수가 있다. 자기가 유한한 존재임을 알기에 무한한 욕망에 스스로 한계를 긋고, 나눔과 공존을 추구할 수 있다. 삶의 기쁨을 진정으로 누리는 비결은 자신을 크게 키우는 것이 아니다. 줄이고 버리는 것이다. 이 깨달음이 신화에 담긴 인류의 지혜이다. 그리고 문명사로서 역사가 우리에게 전하는 메시지이기도 하다. 정복과 정벌의 영웅으로 이름을 남기고자 했던 길가메시는 그 공허함을 깨닫고 문화를 일군다. 그리고 문화의 영웅으로 이름을 남긴다.

그의 고통과 기쁨을 우리는 이해할 수 있다. 오늘날 우리가 느끼는 고통이나 기쁨하고 소름 끼치도록 똑같다! 우리는 바로 안다. 이 이야기에 담긴 진심을. 고대인과 일체가 되는 이런 체험은 우리를 확장시킨다. 우리에게 주어진 기껏해야 100년에 불과한 시간이 수천 년으로 늘어나는 것이다. 우리가 인류라는 장구한 생명의 일부임을 실감하게 된다. 이 또한 일종의 불멸 아닐까? 우리는 각자 시간에 맞선 영웅이다.

이 책은 '길가메시 서사시'를 우리 어린이들이 읽기 좋게끔 다시 쓴 것이다. 바빌로니아 시대에 정리된 '표준판'을 주로 참고하였으나, 내 시각으로 간추리고 다른 자료들로 보충하기도 했다. 이해를 돕기 위해 창작도 가미되었다. 태양의 신 우투가 병든 엔키두에게 보여 주는 환상, 엔키두의 우루크 뒷골목 탐방, 쌍둥이 산 밑에서 길가메시의 엔키두 회상 등은 원래의 서사시에 없다. 어린 독자들이 훗날 자기 시각으로 이 서사시를 읽기를 기대한다. 그리고 '표준판'에는 신들의 이름이 바빌로니아식으로 적혀 있지만, 길가메시는 수메르의 영웅이므로 신들의 이름도 수메르식으로 통일했음을 밝혀 둔다. 이를테면 '아누'는 '안'으로, '에아'는 '엔키'로 '이슈타르'는 '이난나'로 '샤마슈'는 '우투'로 표기했다.

서사시 원문은 점토판에 쐐기문자로 적혀 있으니, 국내외 여러 번역서들이 없었다면 나로서는 접근할 수조차 없었을 것이다. 깨지고 달아난 글자와 행들을 하나하나 더듬고 추스르며 번역해 주신 학자들께 진심으로 감사드린다.

오수연

참고문헌

김산해, 『최초의 신화 길가메쉬 서사시』, 휴머니스트
조철수, 『수메르 신화』, 서해문집
Andrew George, 『The Epic of Gilgamesh: The Babylonian Epic Poem and Other Texts in Akkadian and Sumerian』, Penguin Books
Maureen Gallery Kovacs, 『The Epic of Gilgamesh』, Stanford University Press
R. Campbell Thompson, 『The Epic of Gilgamesh』, Create Space Independent Publishing Platform
새뮤얼 노아 크레이머, 『역사는 수메르에서 시작되었다』, 박성식 옮김, 가람기획
N. K. 샌다스, 『길가메시 서사시』, 이현주 옮김, 범우사
Lindsay Jones, 『Encyclopedia of Religion』, Thomson Gale

길가메시

ⓒ 2016 글 오수연 · 그림 조승연

1판 1쇄 2016년 4월 10일 | 1판 7쇄 2022년 4월 11일
글쓴이 오수연 | 그린이 조승연
책임편집 서정민 | 편집 엄희정 원선화 이복희 | 디자인 이은하
마케팅 정민호 이숙재 한민아 김혜연 이가을 안남영 김수현 정경주
브랜딩 함유지 함근아 김희숙 정승민 | 제작 강신은 김동욱 임현식 | 제작처 영신사

펴낸곳 (주)문학동네 | 펴낸이 김소영
출판등록 1993년 10월 22일 제2003-000045호
주소 10881 경기도 파주시 회동길 210
전자우편 kids@munhak.com | 홈페이지 www.munhak.com
카페 cafe.naver.com/mhdn | 북클럽 bookclubmunhak.com
트위터 @kidsmunhak | 인스타그램 @kidsmunhak
대표전화 (031)955-8888 | 팩스 (031)955-8855
문의전화 (031)955-8895(마케팅) (02)3144-3237(편집)

ISBN 978-89-546-4008-4 73810

잘못된 책은 구입하신 서점에서 교환해 드립니다. 기타 교환 문의: (031)955-2661, 3580

어린이제품 안전특별법에 의한 기타표시사항 제품명 도서 | 제조자명 (주)문학동네 | 제조국명 한국 | 사용연령 9세 이상